In der Saison 1998 wurde der Radsport in seinen Grundfesten erschüttert – am stärksten ausgerechnet beim Saisonhöhepunkt, der Tour de France. Nicht der Sport sorgte für die Schlagzeilen, sondern die französische Justiz, die den massenhaften Dopingmißbrauch vieler Teams offenlegte. Dabei traten die Leistungen der »sauberen« Fahrer leider völlig in den Hintergrund. Auch deshalb ist zu hoffen, daß die Bemühungen der Teams und Verbände im Kampf gegen das Doping in diesem Jahr Erfolg haben werden, damit die Tour sich wieder auf den Sport konzentrieren kann.

Wird sich diesmal wieder Jan Ullrich als Toursieger feiern lassen? Oder kann Marco Pantani, wenn er denn antritt, seinen Doppelschlag – Giro- und Toursieg in einem Jahr – wiederholen? Markus Maxens Saisonplaner bietet kompakt, kompetent und übersichtlich die notwendigen Informationen zur Vorbereitung auf die Radsportsaison '99 – vom Reglement über die Mannschaften und die Technik der Rennmaschinen bis zu den großen Rundfahrten. Dazu kommen zahlreiche Statistiken und viele Tabellen zum Selbsteintragen der Tagesresultate. Ein unentbehrlicher Begleiter für die vielen kleinen und großen Fans vor den Fernsehern und am Straßenrand.

Markus Maxen, Jahrgang 1965, war 20 Jahre lang Radrennfahrer, unter anderem in der deutschen Junioren-Nationalmannschaft. Er lebt heute in Düsseldorf.

Markus Maxen

Tour de France '99

Der Saison-Planer für alle Fans

Fischer Taschenbuch Verlag

Lektorat: Oliver Thomas Domzalski

Originalausgabe
Veröffentlicht im Fischer Taschenbuch Verlag GmbH
Frankfurt am Main, Mai 1999

© 1999 by Fischer Taschenbuch Verlag GmbH, Frankfurt am Main
Gestaltung: Katja von Ruville
Gesamtherstellung: Clausen & Bosse, Leck
Printed in Germany
ISBN 3-596-14540-6

Inhalt

Anhang

Einleitungsteil

Vorwort

Für die Franzosen ist der Hochsommer seit Anfang des Jahrhunderts für ein Sportereignis reserviert, das im Mittelpunkt des nationalen Interesses steht – die Tour de France. Das schwerste Radrennen der Welt steht seit über 90 Jahren für Triumphe, Tragödien und höchste körperliche und mentale Leistungen aller Teilnehmer, für Kuriositäten und Katastrophen. Deshalb wollten sich die Organisatoren 1998 auch nicht von einer Fußballweltmeisterschaft ins zweite Glied drängen lassen – sie änderten den traditionellen Terminplan und starteten 14 Tage später als sonst. Niemand konnte damit rechnen, daß die Schlagzeilen der Tour '98 die der Fußball WM in ihrer Brisanz um Längen übertreffen würden, und das trotz des WM-Sieges der »Equipe Tricolore«. Nicht das Duell zwischen dem Herausforderer Richard Virenque, dem Titelverteidiger Jan Ullrich und dem Giro-d'Italia-Sieger Marco Pantani stand im Vordergrund der 98er Tour, sondern ein Dopingskandal ungeahnten Ausmaßes. Festnahmen von Fahrern und Betreuern durch die Polizei und ein Streik des Fahrerfeldes bildeten den traurigen Höhepunkt. Der Beiname »Tour der Leiden« bekam einen unerfreulichen Beigeschmack. Einige sprachen auch von der »Tour de Dope«.

Es bleibt abzuwarten, ob Beteuerungen der Verbände und Teams sowie die eiligst eingeleiteten Schritte im Kampf gegen das organisierte Doping das verlorengegangene Ansehen des Radsports zurückbringen können. Im Interesse der überwiegenden Mehrzahl der Radsportler, die ja »sauber« sind, ist zu hoffen, daß dies im Jahr 1999 gelingt.

Dieses Buch liefert die Vorbereitung und Begleitung zur Radsportsaison 1999: Informationen vom Reglement über die Mannschaften bis zu den wichtigsten Rennen, großen Rundfahrten, dazu zahlreiche Statistiken und viele Tabellen zum Selbsteintragen der Tagesresultate. Im Anhang finden die Radsportfreunde, die von passiven zu aktiven Fans werden wollen, Adressen und Informationen über den Radsport in Deutschland. *Markus Maxen, Düsseldorf, im März 1999*

Kleine Geschichte der Tour

Ein Verrückter und seine Idee

Henri Desgrange wird oft der Vater der Tour de France genannt, was zum Teil auch stimmt, denn ohne seine Zielstrebigkeit und Hartnäckigkeit wäre dieses Rennen wohl nie zu dem geworden, was es heute ist. Die Idee zu einem Radrennen, das die Fahrer quer durch Frankreich führt, hatte im Jahr 1902 der Journalist der Zeitschrift *L'Auto*, Geo Lefèvre. Der Hintergrund: Lefèvre wollte mit spannenden Berichten über die einzelnen Etappen die Auflage von *L'Auto* steigern. Bei seinem Chef, dem ehemaligen Radrennfahrer Henri Desgrange, rannte er mit diesem Vorschlag offene Türen ein. Im Gegensatz zur Öffentlichkeit – diese reagierte mit Unverständnis auf die Anzeigen, mit denen Teilnehmer für die erste Tour de France gesucht wurden – waren die Sportler weniger skeptisch. Ihnen winkten insgesamt 20 000 Francs an Preisgeldern, wovon der Sieger 3 000 Francs erhalten sollte. Da die Meldungen am Ende der Anmeldefrist so zahlreich eingingen, mußte Desgrange sogar einigen Fahrern absagen. 60 Unerschrockene nahmen am 1. Juli 1903 in Montgeron bei Paris Aufstellung zur ersten Tour de France.

Erstmals durchs Hochgebirge

Im Jahr 1910 war die Tour schon ein fester Bestandteil des französischen Sportkalenders, doch Henri Desgrange war niemand, der sich auf seinen Lorbeeren ausruhte. Als einer seiner Mitarbeiter, Alphonse Steines, ihn mit seiner Idee konfrontierte, die Pyrenäen in die Tour einzubeziehen, sah Desgrange nach kurzem Zögern eine weitere Publicity-Steigerung für seine Rundfahrt. Zwar führten damals meist nur Holzfällerwege mit oft tiefen Regenrinnen durch die Berge, aber eine Besichtigung vor Ort und das Vorhaben, diese Wege auszubauen, führten zu dem

Entschluß, bei der Tour de France 1910 die Bergriesen Aspin, Aubisque, Peyresourde und Tourmalet zu überqueren – selbst wenn in einigen Gebieten noch wilde Bären lebten.

Das Gelbe Trikot – Le Maillot Jaune

Der Erste Weltkrieg verhinderte ab 1914 für vier Jahre die Austragung der Tour de France. Aber schon 1919 gingen 69 Fahrer zur 13. Tour de France an den Start. Oft fehlten ihnen Ersatzteile und Reifen, die Straßen waren zum Teil nur notdürftig ausgebessert und die Beschaffung der Unterkünfte bereitete den Organisatoren große Probleme. Dafür wurde in dieser Tour der Mythos vom »Gelben Trikot«, dem »Maillot Jaune« geboren.

Desgrange hatte die Idee, den Führenden in der Gesamtwertung durch ein buntes Trikot hervorzuheben. Er bestellte verschiedene Farben, bekam aber wegen der Mangelsituation der Nachkriegszeit nur gelbe. So konnte der Franzose Eugène Christoph als erster Fahrer überhaupt am 20. Juli 919 das »Maillot Jaune« überstreifen.

Von Anquetil bis Simpson – die Toursieger

Die Liste der Tour-Sieger ist lang, und für viele war der Sieg bei der Frankreichrundfahrt der Start zu einer großen Sportlerkarriere. Die Giganten heißen: Jacques Anquetil, Eddy Merckx, Bernard Hinault und Miguel Indurain – sie alle siegten sage und schreibe fünfmal, wobei Indurain gar das Kunststück gelang, von 1991 bis 1995 fünfmal in Folge zu gewinnen. Die Fans am Straßenrand respektieren ihre sportliche Leistung. Verehrt und geliebt aber werden Fahrer wie der Franzose Raymond Poulidor: Er nahm 14mal an der Tour teil, konnte sie aber nie gewinnen und wurde 1976 mit 40 Jahren noch einmal Dritter.

Die Sieger der Tour de France von 1903 bis 1998

1903	Maurice Garin (F)	1951	Hugo Koblet (CH)
1904	Henri Cornet (F)	1952	Fausto Coppi (I)
1905	Louis Trousselier	1953	Louis Bobet (F)
1906	René Pottier (F)	1954	Louis Bobet (F)
1907	Lucien Petit-Breton (F)	1955	Louis Bobet (F)
1908	Lucien Petit-Breton (F)	1956	Roger Walkowiak (F)
1909	François Faber (L)	1957	Jaques Anquetil (F)
1910	Octave Lapize (F)	1958	Charly Gaul (L)
1911	Gustave Garrigou (F)	1959	Frederico Bahamontes (E)
1912	Odile Defraye (B)	1960	Gastone Nencini (I)
1913	Philippe Thys (B)	1961	Jaques Anquetil (F)
1914	Philippe Thys (B)	1962	Jaques Anquetil (F)
1919	Firmin Lambot (B)	1963	Jaques Anquetil (F)
1920	Philippe Thys (B)	1964	Jaques Anquetil (F)
1921	Léon Scieur (B)	1965	Felice Gimondi (I)
1922	Firmin Lambot (B)	1966	Lucien Aimar (F)
1923	Henrie Pélissier (F)	1967	Roger Pingeon (F)
1924	Ottavio Bottecchia (I)	1968	Jan Janssen (NL)
1925	Ottavio Bottecchia (I)	1969	Eddy Merckx (B)
1926	Lucien Buysse (B)	1970	Eddy Merckx (B)
1927	Nicolas Frantz (L)	1971	Eddy Merckx (B)
1928	Nicolas Frantz (L)	1972	Eddy Merckx (B)
1929	Maurice de Waele (B)	1973	Luis Ocaña
1930	André Leducq (F)	1974	Eddy Merckx (B)
1931	Antonin Magne (F)	1975	Bernard Thevenet (F)
1932	André Leducq (F)	1976	Lucien van Impe (B)
1933	Georges Speicher (F)	1977	Bernard Thevenet (F)
1934	Antonin Magne (F)	1978	Bernard Hinault (F)
1935	Romain Maes (B)	1979	Bernard Hinault (F)
1936	Sylvère Maes (B)	1980	Joop Zoetemelk (NL)
1937	Roger Lapebie (F)	1981	Bernard Hinault (F)
1938	Gino Bartali (I)	1982	Bernard Hinault (F)
1939	Sylvère Maes (B)	1983	Laurent Fignon (F)
1947	Jean Robic (F)	1984	Laurent Fignon (F)
1948	Gino Bartali (I)	1985	Bernard Hinault (F)
1949	Fausto Coppi (I)	1986	Greg Lemond (USA)
1950	Ferdy Kübler (CH)	1987	Stephen Roche (IRL)

1988	Pedro Delgado (E)	1994	Miguel Indurain (E)
1989	Greg Lemond (USA)	1995	Miguel Indurain (E)
1990	Greg Lemond (USA)	1996	Bjarne Riis (DK)
1991	Miguel Indurain (E)	1997	Jan Ullrich (D)
1992	Miguel Indurain (E)	1998	Marco Pantani (I)
1993	Miguel Indurain (E)		

Pleiten, Pech und Pannen – Kurioses aus der Tourgeschichte

Was wäre die Tour de France ohne die Kuriositäten, ohne die skurrilen Vögel auf dem Rad mit ihren Ritualen – und ohne Pleiten, Pech und Pannen?

Exemplarisch dafür steht die Geschichte von Eugène Christoph aus dem Jahr 1913 – sein Vorsprung auf dem Gipfel des Tourmalet in 2115 m Höhe betrug fast 18 Minuten. Auf der halsbrecherischen Abfahrt vom Gipfel, die durch tiefe Regenrinnen und große Geröllbrocken behindert war, stürzte er schwer. Bei diesem Sturz über einen Stein brach die Gabel seines Fahrrads. Zu Fuß lief er 15 Kilometer bis zum nächsten Dorf und reparierte in der Dorfschmiede sein Rad, da ein Materialwechsel damals noch nicht erlaubt war. Eugène Christoph kam mit über drei Stunden Rückstand auf den Etappensieger ins Ziel und büßte alle Chancen auf einen möglichen Toursieg ein. Wie Hohn muß ihm die eine Strafminute vorgekommen sein, die er erhielt, weil ein Junge in der Schmiede den Blasebalg bedient hatte – diese Hilfe war laut Reglement verboten.

Ebenso ohne Happy-End verlief die 13. Etappe der Tour de France im Jahre 1950. Ihr Verlauf war dafür um so kurioser. Der Algerier Abdelkader Zaaf attackierte bei Bummeltempo und einer Gluthitze von bis zu 45 Grad im Schatten zwischen dem Startplatz in Perpignan und dem Ziel in Nîmes. Er fuhr schnell einen großen Vorsprung heraus. Da auch ihm die Hitze zu schaffen machte, löschte er zunächst seinen Durst mit Wasser und später auch mit zwei Flaschen Wein. Der Wein stieg ihm zu Kopf, seine Beine wurden schwer wie Blei, und sein Fahrrad konnte er nur im Schlagenlinienkurs auf der Straße halten. Der Schatten einer Platane sollte Linderung verschaffen, doch zu allem Unglück schlief Zaaf ein und verpaßte das vorbeibummelnde Feld. Am späten Nachmittag wachte er auf, sprang auf sein Rad und jagte dem Feld hinterher.

Erreicht hat er es nie, denn er fuhr in die falsche Richtung und fand sich plötzlich am Startplatz in Perpignan wieder.

L'Alpe d'Huez und Champs-Élysées
Mythische Etappen der Tour de France

Fast jede Etappe hat ihre eigene Geschichte zu erzählen und bei den Fans einen ganz besonderen Stellenwert. Das gilt in erster Linie für die Bergetappen in den Alpen. Zwar wurden sie erst ein Jahr später als die Pyrenäen, im Jahre 1911, in die Streckenführung aufgenommen, aber die Nähe zu den Radsportnationen Italien, Belgien und auch Holland ließen sie in der Zuschauergunst auf Platz eins steigen. In den Alpen haben sich die Anstiege nach Sestrière und L'Alpe d'Huez, die auch in diesem Jahr wieder auf dem Tourplan stehen, als wahre Zuschauermagneten erwiesen. Zwischen 14 bis 20 Kilometern müssen sich die Fahrer den Berg hinaufquälen, und das bei durchschnittlichen Steigungen von bis zu 8 %. Die 21 Serpentinen hinauf nach L'Alpe d'Huez sind durchnummeriert. Den Fahrern allerdings scheint es, als wollten sie nie enden. Dabei werden sie auf ihrer Fahrt von bis zu 200 000 Fans angefeuert, mit Wasser gekühlt oder gar (verbotenerweise) geschoben. Die besten Plätze sichern sich erfahrene Tourzuschauer schon Tage vorher, indem sie mit Zelten und Wohnmobilen am Straßenrand kampieren.

Für die Sprinter im Feld der Tour de France hat das Finale in Paris auf den Champs-Élysées oberste Priorität. Wer hier den Zielstrich als erster überquert, wird im Fahrerfeld fast so respektiert wie der Gewinner des Grünen Trikots.

Deutsche Tour-Größen – früher und heute

Die ersten Tourteilnehmer aus Deutschland waren schon bei der Premiere im Jahre 1903 am Start, *Josef Fischer* und *Ludwig Barthelmann*. Fischer beendete diese Tour auf Platz 15 und erfuhr sich 25 französische Francs an Prämiengeld. Bis ein Deutscher aber ins Gelbe Trikot schlüpfen konnte, vergingen fast dreißig Jahre. Nach seinem Sieg auf der zweiten Etappe der Tour des Jahres 1932 zog *Kurt Stöpel* das Gelbe Trikot über und belegte zum Schluß Platz zwei in der Gesamtwertung.

Nach Erich Bautz und Willi Oberbeck in den Jahren 1937 und 1938 mußte man in Deutschland fast dreißig Jahre warten, bis das Gelbe Trikot erneut am Körper eines deutschen Radrennfahrers zu sehen war. *Rudi Altig, Karlheinz Kunde* und *Rolf Wolfshohl* erfüllten sich und ihren Fans diesen Traum, wobei sich Rudi Altig im Jahre 1962 als erster Deutscher auch das Grüne Trikot des besten Sprinters sichern konnte. Zeitweise das Gelbe Trikot, nicht aber einen Platz auf dem Siegerpodest konnte *Dietrich »Didi« Thurau* in den 70ern erringen. Nach dem Gewinn des Grünen Trikots durch *Olaf Ludwig* im Jahre 1990 und durch *Erik Zabel* 1996 war es schließlich dem damals 23jährigen *Jan Ullrich* vorbehalten, 1997 als erster Deutscher die Tour de France zu gewinnen. Erik Zabel komplettierte diesen Erfolg, indem er zum zweitenmal nacheinander das Grüne Trikot ersprintete.

Die besten Endplazierungen deutscher Fahrer

1. Platz	Jan Ullrich	1997	8. Platz	Erich Metze	1931
2. Platz	Kurt Stoepel	1932	9. Platz	Erich Bautz	1937
	Jan Ullrich	1996		Hans Junkermann	1963
	Jan Ullrich	1998		Hans Junkermann	1964
4. Platz	Hans Junkermann	1960		Karl-Heinz Kunde	1966
5. Platz	Hans Junkermann	1961	10. Platz	Adolf Schön	1930
	Dietrich Thurau	1977		Kurt Stöpel	1933
6. Platz	Rolf Wolfshohl	1968		Oskar Thierbach	1935
7. Platz	Oskar Thierbach	1932		Dietrich Thurau	1979
	Ludwig Geyer	1934			

Die Deutschen mit den meisten Tagen im Gelben Trikot

Rudi Altig	18	Klaus-Peter Thaler	2
Jan Ullrich	18	Rolf Wolfshohl	2
Dietrich Thurau	15	Willi Oberbeck	1
Erich Bautz	4	Kurt Stöpel	1
Karl-Heinz Kunde	4	Erik Zabel	1

Deutsche Gewinner des Grünen Trikots

Rudi Altig	1962
Olaf Ludwig	1990
Erik Zabel	1996, 1997, 1998

Deutsche Etappensieger

Rudi Altig	8	Klaus Peter Thaler	2
Erik Zabel	7	Otto Weckerling	2
Dietrich Thurau	6	Rolf Wolfshohl	2
Jan Ullrich	6	Jens Heppner	1
Olaf Ludwig	3	Willi Oberbeck	1
Erich Bautz	2	Kurt Stöpel	1
Rolf Gölz	2	Heinz Wengler	1

Deutsche Träger des Berg-Trikots

Jens Voigt	1998	1 Tag

Rückblick auf die Radsportsaison 1998

Die Eintagesrennen

Der dominierende Fahrer des 1989 erstmals eingeführten Weltcups war in der Saison 1998 der Italiener Michele Bartoli. Beim Weltcupauftakt, Mailand–San Remo, wo Erik Zabel seinen Vorjahreserfolg wiederholte, konnte er noch nicht wie gewünscht in die Entscheidung eingreifen. Doch bei den folgenden Rennen in Belgien und Holland stellte er mit zahlreichen Plazierungen unter den ersten sechs seine Klasse unter Beweis. Krönung war sein Solosieg beim wohl schwersten Klassiker-Rennen Lüttich–Bastogne–Lüttich, das über 265 Kilometer durch die Ardennen führte. Mit dem Sieg beim GP Suisse machte sich Bartoli zum haushohen Favoriten für die Weltmeisterschaft in Valkenburg. Doch mehrere Defekte und ein Oskar Camenzind in Bestform ließen für ihn nur Platz drei übrig. Der Weltmeister aus der Schweiz bestätigte seine Form mit einem Sieg im letzten Weltcup-Rennen, der Lombardei-Rundfahrt. In der Endabrechnung hatte Bartoli aber schließlich mehr als doppelt so viele Punkte wie der Zweitplazierte, der Holländer Leon van Bon. Dieser dürfte nicht zuletzt dank seines Sieges bei den HEW-Classics in Hamburg den Durchbruch geschafft haben.

Endstand – Weltcup 1998

Platz	Fahrer	Land	Team	Punkte
1.	Michele Bartoli	I	Asics	426
2.	Leon van Bon	NL	Rabobank	190
3.	Andrea Tafi	I	Mapei	166
4.	Stefano Zanini	I	Mapei	163
5.	Michael Boogerd	NL	Rabobank	146
6.	Andrej Tschmil	B	Lotto	137
7.	Emmanuelle Magnien	F	La Française des Jeux	134
8.	Francesco Ballerini	I	Mapei	132
9.	Rolf Järmann	CH	Casino	111
10.	Frank Vandenbroucke	B	Mapei	111

Die Rundfahrten

Der Giro d'Italia

Als Marco Pantani in der Vorbereitung zur Saison sein Ziel ankündigte, sowohl den Giro als auch die Tour zu fahren und jeweils Spitzenplätze zu belegen, horchte man im Radsport-Zirkus auf, denn die Sieger der großen Landesrundfahrten hatten sich in den letzten Jahren immer nur auf eine Rundfahrt konzentriert. Der letzte, dem das Kunststück gelang, sowohl den Giro als auch die Tour zu gewinnen, war im Jahr 1987 der Ire Steven Roche. Doch der spätere Tourstart wegen der Fußball-WM sollte Pantani diese große Chance ermöglichen.

Zu Pantanis schärfsten Konkurrenten zählten vor dem Start des Giro der russische Girosieger von 1996, Pavel Tonkov, und der Schweizer Alex Zülle. Doch keiner von beiden konnte einem wie entfesselt fahrenden Marco Pantani Paroli bieten. Zwar führte Zülle das Feld im Rosa Trikot des Spitzenreiters in die Dolomiten, erlitt dort aber einen nie erlebten Einbruch, der ihm jegliche Chance auf den Gesamtsieg nahm. Auch Tonkov zeigte in den Bergen Schwächen, hielt seinen Rückstand zu Pantani aber in Grenzen, um beim abschließenden Zeitfahren doch noch die Chance auf den Sieg zu haben. Doch womit keiner gerechnet hatte – in seiner vermeintlich schwächsten Disziplin distanzierte Pantani den Russen noch um fünf Sekunden. Mit seinem ersten Girosieg stürzte Pantani seine Landsleute in wahre Freudentaumel und bestätigte nochmals seine Absicht, auch die Tour de France zu fahren.

Endstand – Giro d'Italia 1998

Platz	Fahrer	Land	Team	Zeit / Rückstand
1.	Marco Pantani	I	Mercantone Uno	95:50:39 Std.
2.	Pavel Tonkov	RUS	Mapei	1:33 Min.
3.	Giuseppe Guerini	I	Team Polti	6:51 Min.
4.	Oskar Camenzind	CH	Mapei	12:16 Min.
5.	Daniel Clavero	E	Vitalicio Seguros	18:04 Min.
6.	Gianni Faresin	I	Mapei	18:31 Min.
7.	Paolo Bettini	I	Asics	21:03 Min.
8.	Daniele de Paoli	I	Ros Mary	21:35 Min.
9.	Paolo Savoldelli	I	Saeco	25:54 Min.
10.	Sergeij Gontschar	UKR	Cantina Tollo	25:58 Min.

Die Tour de France – der sportliche Rückblick

Mit seinem Sieg im Prolog bestätigte der Brite Chris Boardman seine Ausnahmestellung bei kurzen Zeitfahren. Mit Platz 6 und 5 Sekunden Rückstand auf den Sieger erfuhr sich Jan Ullrich eine gute Ausgangsposition für die restliche Tour. In der ersten Woche, der Zeit der Sprinter, mühte sich Erik Zabel vergebens. Weder an Tom Steels noch an Mario Cipollini kam er vorbei, so daß er sich mit zweiten Plätzen zufriedengeben mußte. Für ihn sprang Jens Heppner auf der dritten Etappe in die Bresche und errang den ersten Etappensieg für das Team Telekom. Beim ersten Einzelzeitfahren auf der 7. Etappe demonstrierte Jan Ullrich sein Können und distanzierte seine schärfsten Verfolger. Nach viel Kritik und Unsicherheit über seinen Trainingszustand – in der Vorbereitung machten »Übergewicht« und zahlreiche Infekte Jan Ullrich zu schaffen – meldete sich der Toursieger von 1997 eindrucksvoll zurück. Marco Pantani schien mit über 5 Minuten Rückstand fast schon aussichtslos zurückgefallen zu sein. Doch der »Bergfloh« aus Cesenatico gab sich noch nicht geschlagen. Schon auf der ersten Pyrenäen-Etappe machte er als Tageszweiter rund 25 Sekunden auf Ullrich gut und holte am nächsten Tag zum ersten großen Schlag aus. Er gewann die 11. Etappe nach Plateau de Baille im Alleingang, distanzierte Jan Ullrich um 1:40 Minuten und stieß auf den 4. Platz der Gesamtwertung vor, nur noch 3:01 Minuten hinter Jan Ullrich. Und das Feld hatte die Alpen noch vor sich. Die Entscheidung über den Gesamtsieg der Tour '98 fiel auf der 15. Etappe, von Grenoble nach Les Deux Alpes. Regen, Nebel und Kälte in den Alpen waren zuviel für Jan Ullrich – er hatte nicht die Form des Vorjahres, woran auch die nicht optimale Saisonvorbereitung entscheidenden Anteil hatte. Marco Pantani fuhr alles in Grund und Boden und holte sich überlegen den Etappensieg. Jan Ullrich schleppte sich dank der Hilfe von Bjarne Riis und Udo Bölts mit fast 9 Minuten Rückstand ins Ziel. Mit knapp 6 Minuten Rückstand im Gesamtklassement war das Ziel, der Toursieg 1998, in weite Ferne gerückt. Daß seine Moral jedoch nicht gebrochen war, bewies Jan Ullrich schon einen Tag später, als er sich gemeinsam mit Marco Pantani von der Konkurrenz absetzte und den Italiener im Zielspurt niederrang. Damit war zumindest ein Platz auf dem Siegerpodest in Paris möglich. Während Erik Zabel auf den letzten Flachetappen vergeblich einem Etappensieg nachsprintete, holte sich Jan Ullrich seinen dritten Etappensieg beim Einzelzeitfahren der 20. Etappe und verbesserte sich auf den zweiten Platz im Gesamtklassement. Seine bestechende Form bestätigte Marco Pantani durch Platz drei in diesem Zeitfahren und nur 2:35 Minuten Rückstand auf Jan Ullrich. Der Zieleinlauf in Paris wurde zu einer Triumphfahrt für »Elefantino«, wie Marco Pantani wegen seiner prominenten Ohren von seinen Fans liebevoll genannt wird. Mit seiner Leistung, den Giro und die Tour in einem Jahr zu gewinnen, erklomm er die gleiche Stufe wie seine berühmten Landsleute Fausto Coppi und Gino Bartoli. Auch das Team Telekom konnte auf eine erfolgreiche Tourteilnahme zurückblicken. Mit Platz zwei in der Gesamtwertung (Jan Ullrich), dem Grünen Trikot (Erik Zabel – zum drittenmal in Folge als erster Fahrer) und vier Etappensiegen gehörten sie zu den erfolgreichsten Teams bei der Tour. Aber die sportliche Seite war in diesem Jahr zweitrangig.

Endstand – Tour de France 1998

Platz	Fahrer	Land	Team	Zeit / Rückstand
1.	Marco Pantani	I	Mercatone Uno	92:49:46 Std.
2.	Jan Ullrich	D	Team Telekom	3:21 Min.
3.	Bobby Julich	USA	Cofidis	4:08 Min.
4.	Christophe Rinero	F	Cofidis	9:16 Min.
5.	Michael Boogerd	NL	Rabobank	11:26 Min.
6.	Jean-Cyril Robin	F	US Postal	14:57 Min.
7.	Roland Meier	CH	Cofidis	15:13 Min.
8.	Daniele Nardello	I	Mapei	16:07 Min.
9.	Giuseppe di Grande	I	Mapei	17:35 Min.
10.	Axel Merckx	B	Team Polti	17:39 Min.

Die »Tour de Dope«

Die Vermutung, daß auch im Radsport Dopingmittel Anwendung finden, wurde im Sommer der Saison 1998 durch Ereignisse bestätigt, die dem ganzen Profiradsport enormen Schaden zufügten. Schauplatz dieses zuvor nie dagewesenen Eklats war ausgerechnet das wichtigste Rennen der Radsportsaison – die Tour de France.

Drei Tage vor dem Start der Tour 1998 wurde Willy Voet, Masseur des Festina-Teams, an der französisch-belgischen Grenze verhaftet – offensichtlich aufgrund eines Tips. In dem Auto, das zur Tour-Karawane gehört, wurden mehrere hundert Ampullen mit Substanzen entdeckt, die auf der Dopingliste stehen und aus Deutschland und der Schweiz stammten. Auch im Mannschaftssitz von Festina erfolgte eine Durchsuchung der Polizei.

Da Doping in Frankreich nicht nur Sache der Sportverbände, sondern auch des Staates ist, wurde gegen die Verantwortlichen des Festina Teams Anklage erhoben. Während sich die Tour-Direktion in Person von Jean-Marie Leblanc erst in den Fall »einmischen« wollte, wenn die Untersuchungen abgeschlossen seien, belasteten sich die Verantwortlichen von Festina gegenseitig. Voet beschuldigt die Teamführung, ihm den Auftrag gegeben zu haben, der Sportliche Leiter Bruno Roussel lehnt jedoch jede Verantwortung ab. Die Tour-Karawane war zwar mittlerweile von Irland nach Frankreich gewechselt, doch die befürchteten Verhaftungen durch die Polizei blieben (noch) aus. Im Anschluß an die 4. Etappe überschlugen sich dann die Ereignisse. Die Hotelzimmer des Festina-Teams wurden während der Etappe durchsucht, wobei die Polizei belastendes Material sicherstellte. Team-Arzt Dr. Ryckaert und Bruno Roussel wurden verhaftet. Von nun an verging kein Tour-Tag mehr ohne weitere Hiobsbotschaften. Am Donnerstag, den 16. Juli 1998, suspendierte die UCI, der internationale Radsportverband, Bruno Roussel; die Tour-Direktion beschloß jedoch, die Festina-Fahrer im Rennen zu lassen. Freitag, 17. Juli: Bei den Polizeiverhören gibt Roussel die systematische und medizinisch kontrollierte Gabe von Dopingmitteln bei Festina zu. Die Tour-Direktion verkündet augenblicklich den Ausschluß der französischen Mannschaft. Direkter Dopingmißbrauch kann den Festina-Fahrern zwar nicht nachgewiesen werden, sie haben aber gegen die fundamentalen Regeln und Prinzipien der Tour de France verstoßen. Zwischen dem 23. und 25. Juli gesteht die Mehrzahl der beschuldigten Fahrer, unter ihnen auch der amtierende Weltmeister

Laurent Brochard sowie Alex Zülle, die jahrelange Einnahme von EPO (Erythropoietin), ohne jedoch dazu gezwungen worden zu sein. Einzig Richard Virenque bestreitet vehement die Einnahme der verbotenen Mittel, trotz indirekter Anschuldigungen durch seine Mannschaftskollegen. Im Mittelpunkt der Fahrerkritik stehen die hartenVerhörmethoden der französischen Polizei. Auf Initiative von Laurent Jalabert streikt das Fahrerfeld am 24. Juli für knapp zwei Stunden – sogar von einem Abbruch der Tour ist kurzzeitig die Rede. Als man glaubt, der Sturm habe sich gelegt, schlägt die französische Justiz erneut zu. Die Fahrer des niederländischen T.V.M.-Teams werden in ihren Hotelzimmern von der Polizei überrascht und festgenommen. Dabei sollen die Beamten die Fahrer sogar aus den Duschen geholt haben. Wieder entzündet sich der Streit an der rüden Vorgehensweise der Polizei, den stundenlangen Untersuchungen und Verhören. Während der 16. Etappe verhindert der »Diplomat« Bjarne Riis einen weiteren Fahrerstreik und den endgültigen Rennabbruch. An ein spannendes Etappenfinale ist nicht zu denken, das T.V.M.-Team fährt geschlossen vor dem Feld über die Ziellinie – die Etappe wird annulliert. Den Ausstieg der Teams von Banesto, Kelme, O.N.C.E., Riso Scotti und Vitalicio kann Riis indes nicht verhindern. Als am selben Abend auch die Quartiere von Casino und Française des Jeux durchsucht werden, platzt die nächste Bombe: Beim Spitzenreiter der Bergwertung, dem Italiener Rudolfo Massi vom Team Casino, sollen größere Mengen Bargeld und viele verbotene Substanzen gefunden worden sein. Nach seiner Verhaftung wird er gegen Kaution auf freien Fuß gesetzt, darf Frankreich aber nicht verlassen. Beim planmäßigen Überqueren der Grenze zur Schweiz am 30. und 31. Juli erfolgt der vorerst letzte Akt der »Tour de Dope«: Das T.V.M.-Team steigt aus der Tour aus, um sich weiteren Verhören durch die französische Justiz zu entziehen.

Die Vuelta a España
Natürlich stand auch die Spanien-Rundfahrt im Schatten der Dopingereignisse während der Tour de France. So änderten die Organisatoren kurzfristig den Verlauf der 13. Etappe, um das Feld nicht über französischen Grund und Boden fahren zu lassen. Abenteuerlich war auch die Anreiseroute der italienischen und niederländischen Teams – sie kamen zum Teil auf dem Seeweg zum Start nach Córdoba. Gespannt war man auf das Abschneiden des Teams Festina. Doch es konnte die hochge-

steckten Erwartungen nicht erfüllen – zum einen lastete die Doping-Hypothek der Tour de France zu schwer auf den Schultern der Fahrer, zum anderen trafen sie auf einen Abraham Olano (Team Banesto) in Bestform. Er nutzte den Ausstieg seines Teams bei der Tour de France und kam ausgeruht zur Vuelta. Mit diesem Sieg konnte er endlich etwas aus dem Schatten seines berühmten Landsmanns Miguel Indurain treten.

Endstand – Vuelta a España 1998

Platz	Fahrer	Land	Team	Zeit / Rückstand
1.	Abraham Olano	E	Banesto	93:44:08 Std.
2.	Fernando Escartin	E	Kelme	1:23 Min.
3.	José-Maria Jiménez	E	Banesto	2:12 Min.
4.	Lance Amstrong	USA	US Postal	2:18 Min.
5.	Laurent Jalabert	F	O.N.C.E.	2:37 Min.
6.	Roberto Heras	E	Kelme	2:58 Min.
7.	Alvaro Galdeano	E	Euskatel	5:51 Min.
8.	Alex Zülle	CH	Festina	6:05 Min.
9.	Marco Serpellini	I	Brescialat	8:58 Min.
10.	Marcos Serrano	E	Kelme	10:17 Min.

Die Radsport-Saison 1999

Das Team Deutsche Telekom

Entstehung und Entwicklung des Teams

1991 wurde aus dem ehemaligen »Team Stuttgart« das »Team Telekom«. In der Saison 1992 gab es die ersten Erfolge durch Udo Bölts mit dem Sieg bei der Baskenlandrundfahrt und der Königsetappe des Giro d'Italia. Für die Saison 1993 verstärkte sich die Mannschaft mit Erik Zabel und Olaf Ludwig. Ludwig gewann in jenem Jahr die 13. Etappe der Tour de France und belegte Platz drei bei der Weltmeisterschaft in Oslo. Das Jahr 1994 brachte den Sieg beim »Henninger Turm« durch Olaf Ludwig und beim Weltpokalrennen Paris–Tours durch Erik Zabel. Die größten Erfolge des Jahres 1995 waren zwei Etappensiege von Erik Zabel bei der Tour de France. Außerdem gab Jan Ullrich in 1995 sein Profidebüt. Der vorläufige Höhepunkt der stetigen Aufwärtsentwicklung waren der Toursieg 1996 durch Bjarne Riis und der Gewinn des Grünen Trikots durch Erik Zabel. Jan Ullrich brillierte bei seinem Tourdebüt mit einem zweiten Platz im Gesamtklassement.

Das bisher absolut beste Jahr war 1997: Erik Zabel und Bjarne Riis landeten im Frühjahr Weltcuperfolge, Jan Ullrich gewann als erster Deutscher die Tour de France. Zusätzlich gingen das Grüne Trikot und die Mannschaftswertung an Erik Zabel und das »Team Telekom«. Zum Saisonabschluß wurde Jan Ullrich zum »Sportler des Jahres« gewählt und das Team zur »Mannschaft des Jahres«. Verheißungsvoll war auch der Start in die Saison 1998, denn Erik Zabel gewann zum zweitenmal in Folge Mailand–San Remo. Trotz großer Probleme in der Vorbereitung erkämpfte Jan Ullrich den zweiten Platz in der Gesamtwertung der Tour de France. Erik Zabel überquerte als erster Fahrer in der Geschichte der Tour de France zum drittenmal hintereinander im Grünen Trikot den Zielstrich auf den Champs-Élysées.

Jan Ullrich – der Werdegang des Champions

Nach vier Jahren Grundlagenschulung durch Trainer Peter Sager wechselte der 1971 geborene Jan Ullrich mit 13 Jahren aus seiner Heimatstadt Rostock in das Sportinternat in Berlin. Dort wurde Peter Becker nicht nur Trainer, sondern zusammen mit seiner Familie zu seinem »zweiten Zuhause«. Mit knapp 17 Jahren letzter DDR-Meister im Punktefahren, wiederholte er diesen Triumph im »Westen«, nachdem er Peter Becker nach Hamburg gefolgt war. Vorläufiger Höhepunkt seiner jungen Karriere war der Weltmeistertitel der Amateure, den Jan Ullrich 1993 in Oslo errang. Sein Ausnahmetalent, das durch optimale körperliche Voraussetzungen unterstützt wird, ließ ihn bei der Zeitfahr-WM 1994 auf den dritten Platz vorfahren – und das gegen die besten Profis der Welt. Durch seine idealen Hebelverhältnisse – bei 183 cm Körpergröße und 48 cm langen Ober- und 52 cm langen Unterschenkeln – hat Jan Ullrich den Vorteil, bei Anstiegen länger als viele andere Fahrer im Sattel sitzen zu können und so Kraft zu sparen. Mit einem Lungenvolumen von über sechs Litern, einem Ruhepuls von ca. 32 Schlägen in der Minute und einer Sauerstoffaufnahme von 80 bis 85 Milliliter Sauerstoff hat Jan Ullrich vergleichbare Werte vorzuweisen wie die Radsportgrößen Eddy Merckx und Miguel Indurain. Nach einem behutsamen Profidebüt im Jahr 1995 verblüffte Jan Ullrich sich und alle Experten mit einem Etappensieg und dem zweiten Platz bei seinem ersten Tour-de-France-Start. Daß sich hier ein Champion präsentierte, wurde spätestens bei der Tour 1997 Gewißheit. Jan Ullrich und das Team Telekom dominierten die Saison und insbesondere die Frankreich-Rundfahrt. Zwei Etappensiege, zwölf Tage im Gelben Trikot und der Gesamtsieg ließen Jan Ullrich in die Spitze der internationalen Sportstars vorstoßen.

Die Fahrer

Rolf Aldag

Geburtsdatum:	25. August 1968
Geburtsort:	Beckum
Größe / Gewicht:	191 cm / 75 kg
Wohnort:	Ahlen/Westfalen
Profi seit:	1991
Rennstall 1998:	Team Deutsche Telekom

Sportliche Höhepunkte 1998:
9. Platz Luk-Cup Bühl
8. Platz Joseph Vögli Memorial
2. Platz Colmar – Strasbourg

Dirk Baldinger

Geburtsdatum:	27. August 1971
Geburtsort:	Freiburg
Größe / Gewicht:	180 cm / 70 kg
Wohnort:	Merdingen
Profi seit:	1995
Rennstall 1998:	Team Deutsche Telekom

Sportliche Höhepunkte 1998:
15. Platz Kuurnc – Brüssel – Kuurnc

Udo Bölts

Geburtsdatum:	10. August 1966
Geburtsort:	Rodalben
Größe / Gewicht:	179 cm / 70 kg
Wohnort:	Heltersberg
Profi seit:	1989
Rennstall 1998:	Team Deutsche Telekom

Sportliche Höhepunkte 1998:
21. Platz Tour de France
1. Platz GP Wallone
2. Platz GP Primavera

Alberto Elli

Geburtsdatum:	9. März 1964
Geburtsort:	Giussano (Italien)
Größe / Gewicht:	182 cm / 71 kg
Wohnort:	Lurago d'Erba (Italien)
Profi seit:	1986
Rennstall 1998:	Casino

Sportliche Höhepunkte 1998:
10. Platz Mailand – San Remo
9. Platz Amstel Gold Race
3. Platz Wallonischer Pfeil

Francesco Frattini

Geburtsdatum:	18. Januar 1967
Geburtsort:	Varese, Italien
Größe / Gewicht:	170 cm / 62 kg
Wohnort:	Mornago, Italien
Profi seit:	1993
Rennstall 1998:	Team Deutsche Telekom

Sportliche Höhepunkte 1998:
93. Platz Tour de France
16. Platz GP Wallone
10. Platz GP Camaiore

Giuseppe Guerini

Geburtsdatum:	14. Februar 1970
Geburtsort:	Gazzaniga (Italien)
Größe / Gewicht:	178 cm / 65 kg
Wohnort:	Vertova (Italien)
Profi seit:	1993
Rennstall 1998:	Team Polti

Sportliche Höhepunkte 1998:
9. Platz Trentino-Rundfahrt
3. Platz und 1 Etappensieg beim Giro d'Italia

Christian Henn

Geburtsdatum:	11. März 1964
Geburtsort:	Heidelberg
Größe / Gewicht:	182 cm / 71 kg
Wohnort:	Heltersberg
Profi seit:	1989
Rennstall 1998:	Team Deutsche Telekom

Sportliche Höhepunkte 1998:
4. Platz Veenendal–Veenendal
80. Platz Tour de France
9. Platz Colmar–Strasbourg

Jens Heppner

Geburtsdatum:	23. Dezember 1964
Geburtsort:	Gera
Größe / Gewicht:	173 cm / 69 kg
Wohnort:	Kelmis, Belgien
Profi seit:	1991
Rennstall 1998:	Team Deutsche Telekom

Sportliche Höhepunkte 1998:
3. Platz Tirreno Adriatico
3. Platz Luk-Cup Bühl
1 Etappensieg Tour de France

Danilo Hondo

Geburtsdatum:	4. Januar 1974
Geburtsort:	Guben
Größe / Gewicht:	184 cm / 73 kg
Wohnort:	Cottbus
Profi seit:	1998
Rennstall 1998:	Agro
	Adler Brandenburg

Sportliche Höhepunkte 1998:

5 Etappensiege Niedersachsen-Rundfahrt

1 Etappensieg Friedensfahrt

2 Etappensiege Internationale Sachsen-Tour

Kai Hundertmarck

Geburtsdatum:	25. April 1969
Geburtsort:	Rüsselsheim
Größe / Gewicht:	180 cm / 72 kg
Wohnort:	Eppstein-Brehmtal
Profi seit:	1991
Rennstall 1998:	Team Deutsche Telekom

Sportliche Höhepunkte 1998:

81. Platz Vuelta a España

Jörg Jaksche

Geburtsdatum:	23. Juli 1976
Geburtsort:	Fürth
Größe / Gewicht:	187 cm / 72 kg
Wohnort:	Ansbach
Profi seit:	1997
Rennstall 1998:	Team Polti

Sportliche Höhepunkte 1998:

9. Platz Internationale Bayern-Rundfahrt

3. Platz DM Einer-Straßenfahren

18. Platz Tour de France

Andreas Klöden

Geburtsdatum:	22. Juni 1975
Geburtsort:	Mittweida
Größe / Gewicht:	184 cm / 65 kg
Wohnort:	Berlin
Profi seit:	1998
Rennstall 1998:	Neo

Sportliche Höhepunkte 1998:

1 Etappensieg Tour de Normandie

2. Platz Tour de Normandie

1. Platz Niedersachsen-Rundfahrt

Giovanni Lombardi

Geburtsdatum: 20. Juni 1969
Geburtsort: Pavia, Italien
Größe / Gewicht: 176 cm / 71 kg
Wohnort: Fiorenzola, Italien
Profi seit: 1992
Rennstall 1998:   Team Deutsche Telekom

Sportliche Höhepunkte 1998:
7. Platz Giro del Lago Maggiore
1 Etappensieg Tirreno Adriatico
1 Etappensieg Vuelta a España

Bjarne Riis

Geburtsdatum: 3. April 1964
Geburtsort: Herning, Dänemark
Größe / Gewicht: 187 cm / 72 kg
Wohnort: Steinsel, Luxemburg
Profi seit: 1986
Rennstall 1998:   Team Deutsche Telekom

Sportliche Höhepunkte 1998:
5. Platz Friedensfahrt
7. Platz Classique des Alpes
11. Platz Tour de France

Jan Schaffrath

Geburtsdatum:	17. September 1971
Geburtsort:	Berlin
Größe / Gewicht:	187 cm/74 kg
Wohnort:	Berlin
Profi seit:	1998
Rennstall 1998:	Team Deutsche Telekom

Sportliche Höhepunkte 1998:
23. Platz Paris–Roubaix

Georg Totschnig

Geburtsdatum:	25. Mai 1971
Geburtsort:	Kaltenbach, Österreich
Größe / Gewicht:	175 cm / 61 kg
Wohnort:	Monte Carlo
Profi seit:	1994
Rennstall 1998:	Team Deutsche Telekom

Sportliche Höhepunkte 1998:
9. Platz Bisicleta Vasca
27. Platz Tour de France
2. Platz Vueltay Catalunya

Jan Ullrich

Geburtsdatum:	2. Dezember 1973
Geburtsort:	Rostock
Größe / Gewicht:	183 cm / 73 kg
Wohnort:	Merdingen
Profi seit:	1995
Rennstall 1998:	Team Deutsche Telekom

Sportliche Höhepunkte 1998:
10. Platz Tour de Suisse
3 Etappensiege Tour de France
2. Platz Tour de France

Steffen Wesemann

Geburtsdatum:	11. März 1971
Geburtsort:	Wolmirstedt
Größe / Gewicht:	173 cm / 72 kg
Wohnort:	Köln
Profi seit:	1993
Rennstall 1998:	Team Deutsche Telekom

Sportliche Höhepunkte 1998:
1. Platz Rund um den Flughafen Köln/Bonn
2. Platz Friedensfahrt
2. Platz Internationale Sachsen-Tour

Erik Zabel

Geburtsdatum:	7. Juli 1970
Geburtsort:	Berlin
Größe / Gewicht:	176 cm / 69 kg
Wohnort:	Fröndenberg
Profi seit:	Oktober 1992
Rennstall 1998:	Team Deutsche Telekom

Sportliche Höhepunkte 1998:

3 Etappensiege Tirreno Adriatico

1. Platz Mailand – San Remo 1998

Gewinn Grünes Trikot Tour de France 1998

Die wichtigsten Profiteams der Saison 1999

(Die Mannschaften im Profiradsport werden in sogenannte »GS I-Teams« und »GS II-Teams« unterteilt. Die GS I-Teams sind automatisch für alle Weltpokalrennen startberechtigt. **Halbfett** hervorgehoben sind die Fahrer, die im folgenden ausführlicher vorgestellt werden; als Neo werden die Fahrer bezeichnet, die ihre erste Profisaison bestreiten.)

Agro Adler Brandenburg (Deutschland) – GS II

Uwe Ampler (D)	Andreas Kappes (D)	Olaf Pollack (D)
Steffen Blochwitz (D)	Patrick Köhler (D)	Ole Sigurd Simensen (N)
Stephen Gottschling (D)	Martin Müller (D)	
Matthias Jandt (D)	Carsten Podlesch (D)	

Banesto (Spanien) – GS I

José-Luis Arrieta (E)	Jeremy Hunt (GB)	Aitor Osa (E)
Darius Baranowski (PL)	Eladio Jiménez (E)	Unai Osa (E)
Candido Barbosa (P)	José Maria Jiménez (E)	Miguel Angel Pena (E)
Manuel Beltran (E)	Pablo Lastras (E)	Leonardo Piepoli (I)
Marzio Bruseghin (I)	David Latasa (E)	Cesar Solaun (E)
José Vincente Garcia (E)	Francisco Mancebo (E)	**Alex Zülle (CH)**
Aitor Garmendia (E)	David Navas (E)	
Orlando Sergio Gomes (P)	Jon Odriozola (E)	

Cantina Tollo – Alexia Alluminio (Italien) – GS I

Alessandro Baronti (I)	Cristian Gasperoni (I)	Luca Mazzanti (I)
Paolo Bossoni (I) – Neo	Massimiliano Gentili (I)	Nicola Minali (I)
Oscar Cavagnis (I)	Massimo Giunti (I)	Germano Pierdomenico (I)
Gabriele Colombo (I)	Bo Hamburger (DK)	Roberto Sgambelluri (I)
Danilo di Luca (I) – Neo	Marco Magnani (I)	

Casino (Frankreich) – GS I

Christophe Agnolutto (F)	Andy Flickinger (F) – Neo	Gilles Maignan (F)
Lauri Aus (EW)	Fabrice Gougot (F)	Christophe Oriol (F)
Stéphane Barthe (F)	Arturas Kasputis (LT)	Laurent Roux (F)
Frédéric Bessy (F)	Jann Kirsipuu (EW)	Benoît Salmon (F)
Pascal Chanteur (F)	David Lefevre (F)	Alexandre Vinokourov (KZ)

Cofidis (Frankreich) – GS I

Steve de Wolf (B)
Jérôme Delbove (F)
Laurent Desbiens (F)
Peter Farazijn (B)
Laurent Gane (F)
Philippe Gaumont (F)
Grzegorz Gwiazdowski (PL)
Nicolas Jalabert (F)
Bobby Julich (USA)

Claude Lamour (F)
Vincent le Quellec (F)
Massimiliano Lelli (I)
Thierry Loder (F) – Neo
Nico Mattan (B)
Roland Meier (CH)
David Millar (GB)
David Moncoutie (F)
Francis Moreau (F)

Samuel Plouhinec (F)
Arnaud Pretot (F)
Michael Quemener (F)
Christophe Rinero (F)
Anthony Rokia (F)
Janek Tombak (EW) – Neo
Arnaud Tourant (F)
Frank Vandenbroucke (B)

Team Cologne (Deutschland) – GS II

Davy Dubbledam (NL)
Bert Grabsch (D)
Ralf Grabsch (D)
Roman Jördens (D) – Neo

Jans Koerts (NL)
Raymond Meijs (NL)
Jörg Scherf (D)
Michael Schlickau (D)

Marco Schlittchen (D)
Dirk Schumann (D)
Erwin Thys (B)
Michael van der Wolf (B)

Die Continentale / Olympia (Deutschland) – GS II

Artour Babaitsev (RUS)
Andreas Beikirch (D)
Hans-Kurt Brand (CH)
Richard Chassoff (CH)

Nick Gates (AUS)
Björn Glasner (D)
Ronny Lauke (D)
Daniel Paradis (CH)

Jason Phillips (AUS)
Peter Rogers (AUS)
Heinrich Trumheller (D)
Christian Wegmann (D)

Credit Agricole (Frankreich) – GS I

Magnus Backstedt (S)
Christopher Boardman (GB)
Frédéric Delalande (F) – Neo
Frédéric Finot (F) – Neo
Marcel Gono (AUS)
Sébastien Hinault (F)

Christopher Jenner (NZ)
Anthony Langella (F)
Frédéric Moncassin (F)
Jérôme Neuville (F) – Neo
Stuart O'Grady (AUS)
Franck Pencole (F) – Neo

Olivier Perraudeau (F)
Eros Poli (I)
François Simon (F)
Cédric Vasseur (F)
Henk Vogels (AUS)
Jens Voigt (D)

Team EC / Bayer (Deutschland) – GS II

Alexander Aeschbach (CH)
  – Neo
Mario Bolz (D) – Neo
Bastian Büffel (D)

Bekim Christiansen (DK)
  – Neo
Boris Godo (D)
Rafael Otto (D) – Neo

Daniel Potthoff – Neo
Michael Skelde (DK)
Lars Teutenberg (D)
Mario Vonhof (D)

Festina – Lotus – GS I

Wladimir Belli (I)
Florent Brard (F) – Neo
Laurent Brochard (F)
Felix M. Garcia (E)
Patrice Halgand (F)
Jonathan Hall (AUS)
Jaime Javier Hernandez (E)
Pascale Herve (F)

Franz Hotz (CH)
Rolf Huser (CH)
Fabian Jeker (CH)
Andrej Kivilev (KZ)
André Korff (D)
Laurent Lefevre (F)
Laurent Madouas (F)
Alexandre Moos (CH)

Christophe Moreau (F)
Didier Rous (F)
A. Sainz de la Maza (E)
Francisque Teyssier (F)
José Ramon Uriarte (E)
Marcel Wüst (D)

La Française des Jeux (Frankreich) – GS I

Christophe Bassons (F)
Franck Bouyer (F)
Jimmy Casper (F)
Patrick D'Hont (B)
Frédéric Guesdon (F)
Stéphane Heulot (F)
Christopher Horner (USA)
Xavier Jan (F)

Yvon Ledanois (F)
Emmanuel Magnien (F)
Bradley McGee (AUS)
Christophe Mengin (F)
Lars Michaelsen (D)
Anthony Morin (F)
Damien Nazon (F)
Jean-Patrick Nazon (F)

Franck Perque (F)
Jean-Cyril Robin (F)
Cyril Saugrain (F)
Maximilian Sciandri (GB)
Jean-Michel Tessier (F) – Neo
Nicolas Vogondy (F)

Team Gerolsteiner (Deutschland) – GS II

Anton Chantyr (RUS)
Hans de Meester (B)
Branko Filip (SLO)
Edouard Gritsoun (RUS)
René Haselbacher (A) – Neo
Sascha Hendrix (D)

Jörg Ludewig (D)
Scott Mc Grory (AUS)
Th. Mühlbacher (AUT)
Volker Ordowski (D)
Uwe Peschel (D)
Michael Rich (D)

Andreas Sauerborn (D)
Sven Teutenberg (D)
Andreas Walzer (D)
Peter Wrolich (AUT)

Kelme – Costa Blanca (Spanien) – GS I

Santiago Botero (E)
Francisco Cabello (E)
Carlos Alberto Contreras (E)
Juan José de los Angeles (E)
Angel Edo (E)
Fernando Escartin (E)
Ruben Galvan (E)
José Javier Gomez (E)
Aitor Gonzalez (E)

José Jaime Gonzalez (COL)
José Enrique Gutierrez (E)
Roberto Heras (E)
Eduardo Hernandez (E)
Francisco Leon (E)
Javier Otxoa (E)
Javier Pascual Llorente (E)
Javier Pascual Rodriguez (E)
Eligio Requejo (E)

Daniel Ribera (E)
Severo Rodriguez (E)
José Luis Rubiera (E)
Oscar Sevilla (E)
Toni Tauler (E)
Jose Manuel Uria (E)
Angel Vicioso (E) – Neo
José Angel Vidal (E)

Lampre – Daikin (Italien) – GS I

Matteo Algeri (I) – Neo
Franco Ballerini (I)
R. Belohvosciks (LV) – Neo
Simone Bertoletti (I)
Oskar Camenzind (CH)
Massimo Codol (I)

Matteo Frutti (I)
Robert Hunter (ZA)
Gabriele Missaglia (I)
Pavel Padrnos (CZ)
Mariano Piccoli (I)
Marco Pinotti (I)

Marco Serpellini (I)
Zbigniew Spruch (PL)
Jan Svorada (CZ)
Johan Verstrepen (B)

Lotto – Mobistar (Belgien) – GS I

Mario Aerts (B)
Koen Beeckmann (B)
Fabian de Waele (B)
Sébastien Demarbaix (B)
Christophe Detilloux (B)
Wim Feys (B)

Manu L'Hoir (B) – Neo
Thierry Marichal (B)
Chris Peers (B)
Jo Planckaert (B)
Andrej Tschmil (B)
Kurt van de Wouwer (B)

Paul van Hyfte (B)
Jean-Denis Vandenbroucke (B)
Rik Verbrugghe (B)
Geert Verheyen (B)
Peter Wuyts (B)

Mapei – Bricobi (Italien) – GS I

Adriano Baffi (I)
Michele Bartoli (I)
Davide Bramati (I)
Giuseppe di Grande (I)
Gianni Faresin (I)
Manuel Fernandez (E)
Giuliano Figueras (I)
Paolo Fornaciari (I)
Leif Hoste (B)

Paolo Lanfranchi (I)
Bart Leysen (B)
William Chann Mc Rae (USA)
Axel Merckx (B)
Dirk Müller (D)
Johan Museeuw (B)
Daniele Nardello (I)
Rinaldo Nocentini (I) – Neo
Andrea Noe' (I)

Wilfried Peeters (B)
Fred Rodriguez (USA)
Tom Steels (B)
Tobias Steinhauser (D)
Andrea Tafi (I)
Pavel Tonkov (RUS)
Max van Heeswijk (NL)
Stefano Zanini (I)

Mercatone Uno – Bianchi (Italien) – GS I

Marco Artunghi (I)
Sergio Barbero (I)
Simone Borgheresi (I)
Ermano Brignoli (I)
Maurizio Caravaggio (I)
Roberto Conti (I)
Michele Coppolillo (I)

Marco Fincato (I)
Fabiano Fontanelli (I)
Riccardo Forconti (I)
Stefano Garzelli (I)
Dimitri Konyshev (RUS)
Massimiliano Napoliatano (I)
Marco Pantani (I)

Gianmario Ortenzi (I)
Massimo Podenzana (I)
Marcello Siboni (I)
Marco Velo (I)
Enrico Zaina (I)

Team Nürnberger (Deutschland) – GS II

Bert Dietz (D)	Roberto Lochowski (D)– Neo	Raphael Schweda (D)
Klaus Diewald (D)	Roland Müller (CH)	Christian van Dartel (NL)
Jan Hordijk (NL)	Jörn Reuss (D)	Mike Weissmann (D)
Alexander Kastenhuber (D)	Dirk Ronellenfitsch (D)	Jürgen Werner (D)
Thomas Liese (D) – Neo	Frank Schinck (D)	Jens Zemke (D)

O.N.C.E. – Deutsche Bank (Spanien) – GS I

David Canada (E)	Gatzka Lejarreta (E) – Neo	Andrea Peron (I)
Iñigo Cuesta (E)	Peter Luttenberger (A)	José Luis Rebollo (E)
Rafael Diaz (E)	Miguel Angel Martin (E)	Carlos Sastre (E)
David Etxebarria (E)	Miguel Morras (E)	Marcos A. Serrano (E)
Marcelino Garcia (E)	Isidro Nozal (E) – Neo	Roberto Sierra (E)
Santos Gonzalez (E)	**Abraham Olano (E)**	Mikel Zarrabeitia (E)
Laurent Jalabert (F)	Luis Perez (E)	

Team Polti (Italien) – GS I

Daniel Atienza (E)	Stéphane Goubert (F)	Davide Rebellin (I)
Enrico Cassani (I)	Fabrizio Guidi (I)	Fabio Sacchi (I)
Stefano Cattai (I)	Leonardo Guidi (I)	Cristian Salvato (I)
Mirko Celestino (I)	Denis Lunghi (I) – Neo	Gianluca Valoti (I)
Cristiano Colleoni (I)	Silvio Martinello (I)	**Richard Virenque (F)**
Mirco Crepaldi (I)	Andrea Neucini (I)	Denis Zanette (I)
Ivan Gotti (I)	Oscar Pellicioli (I)	Mauro Zinetti (I)

Rabobank (Niederlande) – GS I

Niki Aebersold (CH)	Karsten Kroon – Neo	**Leon van Bon (NL)**
Michael Boogerd (NL)	Marc Lotz (NL)	Adrie van der Poel (NL)
Jan Boven (NL)	Robbie Mc Ewen (AUS)	Aart Vierhouten (NL)
Erik Dekker (NL)	Koos Moerenhout (NL)	Marc Wauters (B)
Maarten den Bakker (NL)	Grischa Niermann (D)	Beat Zberg (CH)
Richard Groenendaal (NL)	Sven Nijs (NL)	Marcus Zberg (CH)
Bert Hiemstra (NL)	Matthé Pronk (NL) – Neo	
Patrick Jonker (NL)	Rolf Sörensen (DK)	

Saeco – Cannondale (Italien) – GS I

Dario Andriotto (I)

Giuseppe Calcaterra (I)

Valentino China (I) – Neo

Mario Cipollini (I)

Salvatore Commesso (I)

Laurent Dufaux (CH)

Gian Metteo Fagnini (I)

Dario Frigo (I)

Alessandro Guerra – Neo

Vitali Kokorine (RUS)

Eddy Mazzoleni (I)

Massimiliano Mori (I)

Harald Morscher (A)

Roberto Petito (I)

Igor Pugaci (MD) – Neo

Paolo Savoldelli (I)

Mario Scirea (I)

Francesco Secchiari (I)

Mario Traversoni (I)

T.V.M. – Farm Frites (Niederlande) – GS I

Olivier Asmaker (F)

Jeroen Blijlevens (NL)

Johan Capiot (B)

Davide Casarotto (I)

Steven de Jongh (NL)

Tristan Hoffmann (NL)

Serguej Ivanov (RUS)

Andreas Klier (D)

Servais Knaven (NL)

Michel Lafis (S)

Claus Michael Moller (DK)

Serguej Outschakov (UKR)

Geert van Bondt (NL)

Remco van der Ven (NL)

Hendrik van Dyck (NL)

Miquel van Kessel (NL)

Peter van Petegem (B)

Martin van Steen (NL)

Bart Voskamp (NL)

Pieter Vries (NL)

US Postal Service (USA) – GS I

Frankie Andreu (USA)

Lance Amstrong (USA)

Dylan Casey (USA)

Julien Dean (NZ)

Pascal Derame (F)

Tyler Hamilton (USA)

George Hincapie (USA)

Franz Hoj (DK)

Marty Jemison (USA)

Benoît Joachim (L) – Neo

Kevin Livingston (USA)

Glenn Magnusson (S)

Peter Meiert-Nielsen (DK)

Christian Vandevelde (USA)

Jonathan Vaughters (USA)

Vinavil – (Italien) – GS I

Kurt-Asle Arvesen (N) – Neo

Ivan Basso (I) – Neo

Paolo Bettini (I)

Carlo Marino Bianchi (I)

Christian Bianchini (I)

Alessio Bongioni (I)

Fabio Malberti (I)

Oscar Pozzi (I)

Samuele Schiavina (I)

Luca Scinto (I)

Aleksandr Sheffr (KZ)

Filippo Simeoni (I)

David Tani (I)

Alain Turicchia (I)

Vini Caldirola – Sidermec (Italien) – GS I

Massimo Apollonio (I)

Ruggero Borghi (I)

Gianluca Bortolami (I)

Filippo Casagrande (I)

Francesco Casagrande (I)

Massimo Donati (I)

A. Hauptmann (SLO) – Neo

Z. Klemencic (SLO) – Neo

Emanuele Lupi (I)

Mauro Radaelli (I)

Gianluca Sironi (I)

Guido Trentin (I)

Romans Vainsteins (LV)

Matthew White (AUS)

Mauro Zanetti (I)

Vitalicio Seguros (Spanien) – GS I

Elio Aggiano (I)

Francisco Benitez (E)

Santiago Blanco (E)

Hernan Buenahora (COL)

Angel Luis Casero (E)

Francisco Javier Cerezo (E)

Daniel Clavero (E)

Juan Carlos Dominguez (E)

Oscar Freire (E)

David Garcia (E)

Francisco Tomas Garcia (E)

A. Gonzalez de Galdeano (E)

I. Gonzalez de Galdeano (E)

I. Gonzalez de Heredia (E)

Pedro Horrillo (E) – Neo

Prudencio Indurain (E)

Ernesto Manchon (E) – Neo

Ramón Medina (E) – Neo

Juan Miguel Mercado (E)

Iwan R. Parra (COL) – Neo

Victor Hugo Peña (COL)

Gines Salmeron (E)

Serguej Smetanine (RUS)

Andrej Zintchenko (RUS)

Die Klassikerjäger

Franco Ballerini

Team:	Lampre
Geburtsdatum:	11. Dezember 1964
Geburtsort:	Florenz, Italien
Größe / Gewicht:	184 cm / 80 kg
Profi seit:	1986
Rennstall 1998:	Mapei

Sportliche Höhepunkte 1998:
2. Platz Tirreno Adriatico
1. Platz Paris–Roubaix
8. Platz Weltcup

Leon van Bon

Team:	Rabobank
Geburtsdatum:	28. Januar 1972
Geburtsort:	–
Größe / Gewicht:	176 cm / 73 kg
Profi seit:	1994
Rennstall 1998:	Rabobank

Sportliche Höhepunkte 1998:
4. Platz Paris–Roubaix
1. Platz HEW-Classics
1 Etappensieg Tour de France

Michele Bartoli

Team:	Mapei
Geburtsdatum:	27. Mai 1970
Geburtsort:	Pisa, Italien
Größe / Gewicht:	179 cm / 65 kg
Profi seit:	1992
Rennstall 1998:	Asics

Sportliche Höhepunkte 1998:
1. Platz Lüttich–Bastogne–Lüttich
3. Platz WM Einer Straße
1. Platz Welt-Cup

Oskar Camenzind

Team:	Lampre
Geburtsdatum:	12. September 1971
Geburtsort:	Schwyz, Schweiz
Größe / Gewicht:	173 cm / 65 kg
Profi seit:	1996
Rennstall 1998:	Mapei-Bricobi

Sportliche Höhepunkte 1998:
4. Platz Giro d'Italia
1. Platz WM Einer-Straßenfahren
1. Platz Lombardei-Rundfahrt

Laurent Jalabert

Team:	O.N.C.E.
Geburtsdatum:	30. November 1968
Geburtsort:	Mazamet, Frankreich
Größe / Gewicht:	176 cm / 68 kg
Profi seit:	1989
Rennstall 1998:	O.N.C.E.

Sportliche Höhepunkte 1998:
2. Platz Paris–Nizza
2. Platz Lüttich–Bastogne–Lüttich
5. Platz Vuelta a España

Johan Museeuw

Team:	Mapei
Geburtsdatum:	13. Oktober 1964
Geburtsort:	Varsenare, Belgien
Größe / Gewicht:	185 cm / 75 kg
Profi seit:	1988
Rennstall 1998:	Mapei

Sportliche Höhepunkte 1998:
5. Platz Omloop Het Volk
1. GP E3 Harelbeke
1. Platz Flandern-Rundfahrt

Emmanuele Magnien

Team:	La Française des Jeux
Geburtsdatum:	7. Mai 1971
Geburtsort:	Sedan, Frankreich
Größe / Gewicht:	175 cm / 66 kg
Profi seit:	1993
Rennstall 1998:	La Française des Jeux

Sportliche Höhepunkte 1998:
2. Platz Mailand–San Remo
1. Platz Coppa Sabatini
4. Platz Mailand–Turin

Andrea Tafi

Team:	Mapei
Geburtsdatum:	7. Mai 1966
Geburtsort:	Fucechino, Italien
Größe / Gewicht:	187 cm / 73 kg
Profi seit:	1989
Rennstall 1998:	Mapei

Sportliche Höhepunkte 1998:
2. Platz Paris–Roubaix
4. Platz GP Suisse
3. Platz Welt-Cup

Andrej Tschmil

Team:	Lotto
Geburtsdatum:	22. Januar 1963
Geburtsort:	Khaarovsk, Rußland
Größe / Gewicht:	176 cm / 75 kg
Profi seit:	1989
Rennstall 1998:	Lotto

Sportliche Höhepunkte 1998:
3. Platz Omloop Het Volk
5. Platz Mailand–San Remo
6. Platz Welt-Cup

Frank Vandenbroucke

Team:	Lampre
Geburtsdatum:	6. November 1974
Geburtsort:	Mouscron, Belgien
Größe / Gewicht:	179 cm / 67 kg
Profi seit:	1994
Rennstall 1998:	Mapei

Sportliche Höhepunkte 1998:
1. Platz Paris–Nizza
1. Platz Gent–Wevelgem
2. Platz GP Suisse

Die Tour-Favoriten

Abraham Olano

Team:	O.N.C.E.
Geburtsdatum:	22. Januar 1970
Geburtsort:	San Sebastian, Spanien
Größe / Gewicht:	182 cm / 76 kg
Profi seit:	1992
Rennstall 1998:	Banesto

Sportliche Höhepunkte 1998:
1. Platz Vuelta a Burgos
Sieger Vuelta a España
1. Platz WM Einzelzeitfahren

Richard Virenque

Team:	Team Polti
Geburtsdatum:	19. November 1969
Geburtsort:	Casablanca, Marokko
Größe / Gewicht:	179 cm / 65 kg
Profi seit:	1991
Rennstall 1998:	Festina – Lotus

Sportliche Höhepunkte 1998:
3. Platz Mittelmeer-Rundfahrt
4. Platz Midi Libre
6. Platz Dauphiné Libéré

Marco Pantani

Team:	Mercatone Uno
Geburtsdatum:	13. Januar 1970
Geburtsort:	Cesena, Italien
Größe / Gewicht:	172 cm / 56 kg
Profi seit:	1992
Rennstall 1998:	Mercatone Uno

Sportliche Höhepunkte 1998:
Sieger Giro d'Italia
2 Etappensiege Tour de France
Sieger der Tour de France

Alex Zülle

Team:	Banesto
Geburtsdatum:	5. Juni 1968
Geburtsort:	Wil, Schweiz
Größe / Gewicht:	186 cm / 72 kg
Profi seit:	1991
Rennstall 1998:	Festina – Lotus

Sportliche Höhepunkte 1998:
2. Platz Tour de Romandie
3 Etappensiege Giro d'Italia
8. Platz Vuelta a España

Die Sprinter

Jeroen Blijlevens

Team:	T.V.M.
Geburtsdatum:	29. Dezember 1971
Geburtsort:	Rijen
Größe / Gewicht:	172 cm / 70 kg
Profi seit:	1994
Rennstall 1998:	T.V.M.

Sportliche Höhepunkte 1998:
1 Etappensieg Katalanische Woche
1 Etappensieg Tour de France
2 Etappensiege Vuelta a España

Jan Svorada

Team:	Lampre
Geburtsdatum:	28. August 1968
Geburtsort:	Trencin, Slowakei
Größe / Gewicht:	183 cm / 78 kg
Profi seit:	1991
Rennstall 1998:	Mapei

Sportliche Höhepunkte 1998:
1 Etappensieg Vier Tage von Dünkirchen
1 Etappensieg Tour de France
2 Etappensiege Portugal-Rundfahrt

Mario Cipollini

Team:	Saeco
Geburtsdatum:	22. März 1967
Geburtsort:	Lucca, Italien
Größe / Gewicht:	190 cm / 85 kg
Profi seit:	1989
Rennstall 1998:	Saecco

Sportliche Höhepunkte 1998:
4 Etappensiege Giro d'Italia
2 Etappensiege Tour de France
1 Etappensieg Mittelmeer-Rundfahrt

Tom Steels

Team:	Mapei
Geburtsdatum:	2. September 1971
Geburtsort:	Sint-Gills-Waas
Größe / Gewicht:	179 cm / 73 kg
Profi seit:	1994
Rennstall 1998:	Mapei

Sportliche Höhepunkte 1998:
2 Etappensiege Routa del Sol
2 Etappensiege Paris–Nizza
4 Etappensiege Tour de France

Die Bergspezialisten

Michael Boogerd

Team:	Rabobank
Geburtsdatum:	28. Mai 1972
Geburtsort:	–
Größe / Gewicht:	178 cm / 62 kg
Profi seit:	1994
Rennstall 1998:	Rabobank

Sportliche Höhepunkte 1998:
5. Platz Lüttich – Bastogne – Lüttich
5. Platz Tour de France
2. Platz Lombardei-Rundfahrt

Robby Julich

Team:	Cofidis
Geburtsdatum:	18. November 1971
Geburtsort:	Corpus Christy, USA
Größe / Gewicht:	183 cm / 68 kg
Profi seit:	1992
Rennstall 1998:	Cofidis

Sportliche Höhepunkte 1998:
2. Platz Criterium International
3. Platz Tour de France
5. Platz GP Suisse

Fernando Escartin

Team:	Kelme
Geburtsdatum:	24. Januar 1968
Geburtsort:	Biescas, Spanien
Größe / Gewicht:	174 cm / 74 kg
Profi seit:	1990
Rennstall 1998:	Kelme

Sportliche Höhepunkte 1998:
8. Platz Bicicleta Vasca
4. Platz Vuelta a Burgos
2. Platz Vuelta a España

Christophe Rinero

Team:	Cofidis
Geburtsdatum:	22. Dezember 1973
Geburtsort:	Moissac, Frankreich
Größe / Gewicht:	172 cm / 63 kg
Profi seit:	1995
Rennstall 1998:	Cofidis

Sportliche Höhepunkte 1998:
Bergtrikot Tour de France
4. Platz Tour de France
1. Platz Tour de l'Avenir

Die UCI-Weltranglisten zum Saisonbeginn (Stand: 28. 2. 1999)

Einzelwertung

Platz	Fahrer	Land	Team	Punkte
1.	Michele Bartoli	I	Mapei	2.662
2.	Laurent Jalabert	F	O.N.C.E.	2.104
3.	Abraham Olano Manzano	E	O.N.C.E.	2.057
4.	Marco Pantani	I	Mercat.	1.979
5.	Davide Rebellin	I	Polti	1.768
6.	Michael Boogerd	NL	Rabo	1.765,5
7.	Alex Zülle	CH	Banesto	1.571
8.	Frank Vandenbroucke	B	Cofidis	1.469
9.	Andrea Tafi	I	Mapei	1.439
10.	Oskar Camenzind	CH	Lampre	1.361
11.	Jan Ullrich	D	Telekom	1.206
12.	Erik Zabel	D	Telekom	1.172
13.	Fernando Escartin Coti	E	Kelme	1.149
14.	Andrei Tchmil	B	Lotto	1.100
15.	Leon van Bon	NL	Rabo	1.083
16.	José Maria Jiménez Sastre	E	Banesto	1.064
17.	Lance Armstrong	USA	USP	1.024
18.	Mirko Celestino	I	Polti	1.016
19.	Jann Krisipuu	EST	Casino	1.014
20.	Laurent Dufaux	CH	Saecco	1.009
21.	Peter van Petegem	B	T.V.M.	1.002,5
22.	Daniele Nardello	I	Mapei	967
23.	Emmanuel Magnien	F	Franc.d J.	966
24.	Alberto Elli	I	Telekom	956
25.	Marcus Zberg	CH	Rabo	948
26.	Stefano Zanini	I	Mapei	917
27.	Francesco Casagrande	I	Vini Cal.	916
28.	Bobby Julich	USA	Cofidis	915,5
29.	Bo Hamburger	DK	Cantina	888
30.	Wladimir Belli	I	Festina	887
...				
57.	Jens Voigt	D	C.A.	644
62.	Udo Bölts	D	Telekom	604
79.	Marcel Wust	D	Festina	519

Mannschaftswertung

Platz	Team	Land	Punkte
1.	Mapei	I	711.00
2.	Lotto	B	602.00
3.	Rabobank	NL	578.00
4.	Casino	F	486.00
5.	T.V.M.	NL	456.00
6.	Credit Agricole	F	422.00
7.	Kelme	E	418.00
8.	Cofidis	F	411.00
9.	Polti	I	371.00
10.	Saecco	I	284.00
11.	Festina	F	247.00
12.	Cantina Tollo	I	209.00
13.	La Française des Jeux	F	190.00
14.	Vitalicio Seguros	E	185.00
15.	Team Deutsche Telekom	D	167.00
16.	Banesto	E	152.00
17.	O.N.C.E.	E	93.00
18.	Mercatone Uno	I	78.00
19.	Lampre	I	50.00
20.	Vini Caldirola	I	49.00

Die aktuellen Weltranglisten finden sich im Internet unter: http://www/uci.ch

Der Saisonaufbau

In einem Jahr legt ein Radsport-Profi – im Training und im Rennen – etwa 30 000 bis 35 000 Kilometer auf dem Rennrad zurück. Um die damit verbundenen Strapazen bewältigen zu können, ist eine intensive Vorbereitung und Saisonplanung unerläßlich.

Der erste Abschnitt der Saisonvorbereitung beginnt Anfang November mit der sogenannten **allgemeinen Vorbereitungsperiode.** Sie unterscheidet noch nicht zwischen den unterschiedlichen Saisonhöhepunkten der einzelnen Fahrer. Allgemeines Kraft- und Ausdauertraining durch Laufen, Radfahren, Tennis, Skilanglauf oder auch Ski alpin bestimmen den Trainingsplan bis etwa Mitte Dezember, mit immer größerem Radkilometeranteil, je näher das Jahresende rückt. Es schließt sich die **spezielle Vorbereitungsperiode** an, die bis etwa Mitte Februar dauert. Während dieser Zeit legen die Fahrer den »Grundstock« an Basiskilometern auf dem Fahrrad. Dieses geschieht im Falle des Teams Telekom meist mit Trainingslagern auf Mallorca. Die ersten Wettkämpfe (**1. Wettkampfperiode**) ab Mitte Februar nutzen die unterschiedlichen Fahrertypen dann für das auf sie speziell zugeschnittene Training. Jetzt setzen die Klassikerjäger/Eintagesspezialisten, mit den Saisonhöhepunkten im Frühjahr und Herbst, und die Rundfahrtspezialisten, deren Saisonhöhepunkte zwischen Juni und September liegen, unterschiedliche Prioritäten. Am Ende dieser Wettkampfphase stehen als Höhepunkte die klassischen Eintagesrennen wie Mailand – San Remo, Flandern-Rundfahrt oder Paris-Roubaix im März/April auf dem Programm. Die Zeit bis zur **2. Wettkampfperiode** (ab Ende Mai) nutzen viele Fahrer zu einem kurzen Urlaub ohne Rad und schließen dann nochmals zwei Wochen Grundlagen-Ausdauertraining an. Die 2. Wettkampfphase steht dann ganz im Zeichen der Rundfahrten. Die großen »Schleifen« Giro d'Italia und Tour de France stehen ebenso auf dem Terminkalender der Teams wie die Dauphiné Libéré oder die Tour de Romandie, die zu den kleineren Rundfahrten zählen. Die Fahrer, die nicht an der Tour de France teilnehmen, nutzen den Sommer meist zur aktiven Erholung, um sich auf die 3. Wettkampfperiode am Ende der Saison vorzubereiten. Die wichtigsten Rennen am Ende einer langen Radsaison sind die Spanien-Rundfahrt, die Weltmeisterschaft und die Herbstklassiker, wie z.b. die Lombardei-Rundfahrt. Mitte Oktober endet in der Regel die Saison, und die Fahrer gönnen sich drei Wochen Urlaub, bis Anfang November das ganze Spiel von vorne beginnt.

Die Trainigsmethodik

Die Trainingsmethodik im Profiradsport läßt sich grob in zwei Trainingsphilosophien einteilen – das umfangsbetonte und das intensitätsbetonte Training. Dabei richtet sich die jeweilige Trainingsmethode nach den Stärken des Fahrers und seinem Saisonaufbau, d. h. nach den Rennen, die er bestreiten will.

Die Klassikerspezialisten wie Michele Bartoli oder Laurent Jalabert benötigen für diese Rennen die Fähigkeit, schnelle Antritte und Ausreißversuche zu fahren. Deshalb stehen intensivste Trainingsbelastungen auf ihrem Programm, um die anaerobe Leistungsfähigkeit zu verbessern. Da die Saisonhöhepunkte dieser Fahrer im Frühjahr und im Herbst liegen, nutzen sie die Zeit der großen Rundfahrten zur aktiven Regeneration. Ähnliches gilt für die Trainingsgestaltung der Sprinter, jedoch mit noch intensiverer Ausrichtung auf einen explosiven Antritt für das »Finale« eines Rennens. Da die Stärken der Sprinter (wie Mario Cipollini oder Tom Steels) in der Regel auf den Flachetappen von Rundfahrten und flachen Eintagesrennen ausgespielt werden, dauert ihre Saison praktisch das ganze Jahr. Eine so lange Saison ist auch deshalb nur möglich, weil die Sprinter von ihren Teams bis kurz vors Ziel »gebracht« werden, ohne daß sie sich extremen Belastungen aussetzen müssen. Völlig anders gestaltet sich dagegen das Training bei den Großrundfahrtspezialisten. Bei ihnen steht die Entwicklung der Grundlagenausdauer an oberster Stelle. Sie soll helfen, ein große Rundfahrt ohne Leistungseinbruch oder Ermüdungserscheinung beenden zu können. Aus diesem Grund ist ihr Training, besonders in der Vorbereitungsperiode, auf geringere Intensität mit wesentlich mehr

Radkilometern ausgerichtet. Später, kurz vor den Rundfahrten, ergänzen spezielles und hochintensives Berg- und Zeitfahrtraining die Vorbereitung.

Inside the Team: Die Stallregie

Der Großteil der Profiradteams besteht aus etwa 15 bis 20 Fahrern. Über die Teamzusammenstellung entscheidet, wie bei anderen Sportarten auch, der Trainer, der im Radsport häufig »Sportlicher Leiter« genannt wird. Aufgrund der Größe der Teams finden sich in jedem »Rennstall« Spezialisten: Klassikerjäger, Sprinter, Bergfahrer, Rundfahrer und natürlich »Wasserträger«.

Für die Tour de France wählt jeder Sportliche Leiter dann wenige Wochen vor dem Start neun Fahrer seines Team aus. Entsprechend den Qualitäten des Kapitäns wird der Rest des Teams benannt. Den wichtigsten Part innerhalb eines Teams haben die sogenannten Wasserträger. Ohne ihren sprichwörtlich »selbstlosen« Einsatz kann selbst der stärkste Kapitän nicht gewinnen. Ein Wasserträger läßt sich bei Bedarf aus dem Feld zurückfallen, holt sich am Mannschaftswagen die neuesten taktischen Anweisungen oder auch neuen Proviant, während der Kapitän im Windschatten des Peloton seine Kräfte schonen kann. Sie verzichten bei Defekt oder Sturz ihres Spitzenfahrers auch auf ihre eigene Siegchance, sollte der Mannschafts- oder neutrale Materialwagen nicht schnell genug am Ort des Geschehens sein. Dann helfen sie zur Not mit ihrem kompletten Rennrad aus. Der Rest des Teams muß den Kapitän dann so schnell wie möglich wieder an das Feld heranführen. Sollte ein Wasserträger jedoch einmal ohne Anweisung des Sportlichen Leiters in dem oben genannten Fall seine Siegchance wahrnehmen, verstößt er gegen ein ungeschriebenes Gesetz im Radsport. Die Folge: enorme Schwierigkeiten bei der Suche nach einem neuen Team für die nächste Saison. Im Profimetier reagiert man empfindlich auf ein Nichteinhalten der Mannschaftstaktik.

Bei Teams, deren Kapitäne Sprinter sind, müssen die Wasserträger zusätzlich über eine lange Zeit einen hohen Gang fahren können. Das führt zu extrem hohem Tempo, reduziert die Gefahr von Ausreißversuchen und erhöht die Chance des Sprinters, aus dem Windschatten seines Teams heraus zu siegen. Dabei legt er ca. 150 Meter vor dem Ziel den größten Gang auf und versucht, mit Hilfe eines kräftigen Antritts als erster über den Zielstrich zu fahren. So sorgen beim Team Telekom Fahrer wie Christian Henn, Rolf Aldag und Jens Heppner für flotte Fahrt, Giovanni Lombardi zieht den Sprint an, und Erik Zabel spurtet aus seinem Windschatten heraus.

Ist der Kapitän ein Berg- oder Rundfahrtspezialist, besteht die Gruppe der Wasserträger hauptsächlich aus starken Bergfahrern. Da die großen Rundfahrten, so auch die Tour de France, im Hochgebirge der Alpen oder Pyrenäen entschieden werden, benötigen die Kapitäne in diesem Terrain so lange wie möglich Unterstützung. Die Gefahr von Attacken und Ausreißversuchen soll durch hohes Tempo am Berg verringert werden. Und sollte ein gegnerischer Angriff doch einmal Erfolg haben, muß einer der Wasserträger als »Polizist« den Ausreißer begleiten, ohne Führungsarbeit zu leisten.

Die Mannschaftsbegleiter

Die Fahrer eines Team können nur Höchstleistung bringen, wenn sie sich ausschließlich auf das Fahrradfahren konzentrieren können. Daher besteht jedes Team aus einer Vielzahl fleißiger Hände, die im Hintergrund die Fäden ziehen und den Fahrern die Alltäglichkeiten abnehmen. Dabei haben die Mechaniker und Masseure nicht nur ihre eigentliche Aufgabe zu erfüllen, sie müssen oft auch den mühseligen Autotransfer von Maschinen und Material zwischen den Etappenorten sowie die Hotelunterkunft organisieren. Den schnellen und bequemen Transport der Fahrer übernimmt bei der Tour de France die Societé du Tour de France.

Die Sportlichen Leiter

Über 90 Prozent der Sportlichen Leiter können auf eine aktive Radsport-Laufbahn zurückblicken. Damit ist eine wichtige Voraussetzung gegeben – sie können sich in die Rennsituation hineinversetzen und die entsprechende Taktik festlegen. Einen erfolgreichen »Teamchef« zeichnet eine aktive Beschäftigung mit modernen Trainingsmethoden, die wissenschaftliche Kooperation mit Ärzten und Sportwissenschaftlern und der ständige Kontakt zu Kollegen aus anderen Sportarten aus. Nicht unterschätzen sollte man die Begabung eines Sportlichen Leiters, auf die unterschiedlichen Charaktere seiner Fahrer einzugehen und das Team mit den »passenden« Fahrern zu ergänzen, so wie es Walter Godefroot mit der Verpflichtung von Bjarne Riis im Jahre 1995 vormachte. Riis integrierte sich ohne Probleme ins Team und errang 1996 auch den ersten Tour-de-France-Sieg für das »Team Telekom«. Eine weitere Fähigkeit der Sportlichen Leiter hat mit dem Fahrradfahren nur indirekt zu tun. Als exzellente Autofahrer überholen sie mit dem Begleitfahrzeug und teilweise über 70 Stundenkilometern fast auf der Grasnarbe das rasende Feld, um ihren Fahrer in der Ausreißergruppe mit taktischen Hinweisen zu unterstützen.

Die medizinische Betreuung

Der Stab der medizinischen Betreuer eines Profiteams besteht in der Regel aus dem Teamarzt, der für die sportmedizinische Betreuung sorgt, sowie den Masseuren, die für das körperliche und seelische Wohl der Fahrer verantwortlich zeichnen.

Die Teamärzte kontrollieren regelmäßig den Leistungsstand der Fahrer, sowohl im Training als auch im Rennen. Das geschieht meist durch Messen des Lactatwertes. Zeigen die Untersuchungsergebnisse nicht die gewünschten Werte, so kann der Sportliche Leiter in Absprache mit Arzt und Fahrer schnell reagieren und den Trainings- oder Wettkampfplan umstellen oder auch die Renntaktik ändern. Leider mißverstehen einige dieser Ärzte ihre Aufgaben und meinen, die Fahrer durch die kontrollierte Gabe von Dopingsubstanzen zu einer besseren Leistung führen zu müssen – so geschehen und aufgeflogen beim Team Festina. Nicht weniger wichtig ist die Aufgabe der Masseure. Ihre Hände müssen dafür sorgen, daß die Rennfahrer am nächsten Tag mit lockeren Muskeln an den Start gehen können. Häufig sind sie auch Seelenmasseur für die Fahrer, die auf der Massagebank auch im übertragenen Sinne »die Hose runterlassen«.

Die Mechaniker

Die Hauptarbeit der Mechaniker beginnt bei Etappenrennen in der Regel nach dem Zieleinlauf. Dann sind die Räder des Teams zu säubern, alle Schrauben und Verschleißteile zu kontrollieren und eventuell zu reparieren. Kettenblätter und Zahnkränze müssen gegebenenfalls dem Profil der nächsten Etappe angepaßt werden. Viel Arbeit schon während des Rennens haben die Mechaniker im Verlauf der Frühjahrsklassiker in Belgien und Frankreich. Dort geht es oft über fast vorsintflutliches Kopfsteinpflaster, und die Defekthexe schlägt ständig und unbarmherzig zu. Ereilt einen Fahrer dann ein Defekt, löst der Mechaniker bei fahrendem Materialwagen schon das Ersatzrad von der Dachhalterung und schiebt, kaum daß der Fahrer erreicht ist, das Ersatzgefährt unter. Bei Defekten am Sattel oder der Schaltung erfolgt die Reparatur meist bei rasender Fahrt. Nur in solchen Fällen dürfen sich die Rennfahrer am Materialwagen festhalten, ohne bestraft zu werden. Die Mechaniker beugen sich dann weit aus dem Fenster gelehnt über das Rennrad und beheben mit Millimeterarbeit den Defekt.

Die Technik des modernen Rennrads

Wie leicht hat es doch heute ein Radprofi, mit seiner Schaltung und bis zu achtzehn verschiedenen Gängen dem jeweiligen Streckenprofil zu trotzen.

Schaltungen waren zu Beginn der Tourgeschichte völlig unbekannt und wurden erst im Jahre 1937 zugelassen. Für die unterschiedlichen Profile hatten die Fahrer auf jeder Seite des Laufrades ein unterschiedlich großes Ritzel zur Verfügung. Um die Übersetzung zu wechseln, mußten sie anhalten und das Hinterrad umdrehen. Und an ein Gewicht von ca. neun Kilogramm war erst recht nicht zu denken.

Das »normale« Straßenrad

Der Rahmen

Die Rahmen des »normalen« Straßenrennrads besitzen die sogenannte Trapezform. Sie werden haargenau nach den körperlichen Maßen des Fahrers angefertigt. Dabei richtet sich der »Rahmenbauer« unter anderem nach der Arm-, Bein- und Rumpflänge des Fahrers. Bei der Wahl der zu verwendenden Materialien spielt die Statur des Rennfahrers eine entscheidende Rolle. Leichtgewichte bevorzugen Carbon- oder Alu-Rahmen, deren Gewicht zwischen 1,6 bis ca. 2,3 Kilogramm liegt. Die Vielzahl der Profis setzt jedoch auf eine Kombination von mehreren Stahllegierungen beim Rahmenbau, trotz des etwas höheren Gewichts von etwa 2,1 bis 2,5 Kilogramm. Die wichtigsten Kriterien für die Materialauswahl und den Rahmenbau sind jedoch Bruchsicherheit und Verwindungssteifigkeit.

Der Sattel

Die Rennsättel bestehen meistens ebenfalls aus verschiedenen Werkstoffen. Die Streben des Unterteils, an dem oft eine Titan-Sattelstütze montiert ist, sind in der Regel aus Metall. Über dem anatomisch geformten Unterteil liegt eine dünne Gelschicht, um die langen Sitzstrapazen erträglicher zu machen. Umspannt wird alles von einem weichen, aber strapazierfähigen Kunstleder.

Die Steuereinheit

Diese Verbindung des sogenannten Vorbaus, also des Lenkers und der Brems-Schalthebel-Kombination, besteht aus hochwertigem Stahl. Die Formen, Größen und Positionen der einzelnen Komponenten richten sich ebenfalls nach den körperlichen Vorgaben der Rennfahrer. Zwei kleine Bügel (»Hörnchen«) in der Lenkermitte ermöglichen dem Rennfahrer mehrere ergonomische und ökonomische Fahrpositionen.

Die Laufräder

Wie beim Rahmen spricht man bei den am häufigsten verwendeten Felgen von der Trapezform. Alu und Carbon sind hier die meistverwendeten Werkstoffe. Bei einer Speichenanzahl von 16 bis 36 Stück bleiben dem Fahrer viele Variationsmöglichkeiten. Viele Speichen bedeuten ein stabiles Fahrverhalten, allerdings verminderte Aerodynamik. Auch bei den Reifen haben die Fahrer mittlerweile die Möglichkeit zu wählen. Bis vor wenigen Jahren wurden nur die sogenannten »schlauchlosen« Reifen benutzt, die mittels Spezialkleber auf die Felgen geklebt wurden. Heute gibt es aber auch Schlauch- und Mantelkombinationen, wie man sie vom einfachen Gebrauchsfahrrad kennt, die den hohen Belastungen eines Rennens standhalten.

Die Antriebseinheiten

Der vordere Antrieb erfolgt über Pedal, Kurbel, Kettenblatt und Umwerfer. Der hintere Antrieb erfolgt über Schaltung und Zahnkranz. Das Verbindungsglied zwischen diesen beiden Einheiten ist die Kette.

Die Pedale funktionieren nach dem Prinzip einer Skibindung. Eine Platte oder ein kleiner Stift auf der Unterseite des Rennschuhs sorgt für die Verbindung zwischen Pedale und dem Schuh des Fahrers. Leichter Druck von oben genügt, und der Schuh »klickt« im Pedal fest – eine leichte Drehung des Schuhs, und der Fuß ist wieder frei. Längst vergessen sind die Zeiten, da man umständlich an den sogenannten Riemchen herumfingerte. Mit dem verbesserten System kann der Fahrer sowohl auf das oben liegende Pedal treten als auch mit dem anderen Bein die untere Pedale nach oben ziehen. Das führt zu einer optimalen Kraftentfaltung.

Die Form und Technik der Kurbeln ist praktisch noch wie früher, nur die Materialien haben sich geändert. Waren sie früher aus Stahl, sind sie heute aus Titan. Ihre Länge richtet sich sowohl nach dem Einsatzzweck als auch nach der Beinlänge des Fahrers. Kurze Kurbeln findet man häufig bei Sprintern, da sie eine hohe Trittfrequenz und eine schnelle Beschleunigung unterstützen. Lange Kurbeln unterstützen die bessere Kraftübertragung bei Anstiegen. Allgemein gilt jedoch: je länger die Beine, desto länger auch die Kurbeln.

Mit Hilfe des Umwerfers legt der Fahrer die Kette zwischen den vorderen Kettenblättern um. Für Tempofahrten in der Fläche oder auch an leichten und kurzen Anstiegen fährt man mit dem großen Kettenblatt (52 bis 54 Zähne). Schwere Anstiege können oft nur mit dem kleinen Kettenblatt (39 bis 42 Zähne) bewältigt werden. Der Wechsel zwischen den Kettenblättern erfolgt über den Schalthebel, der in den Bremshebel integriert und über einen dünnen Seilzug mit dem Umwerfer verbunden ist.

Nach gleichem Prinzip funktioniert auch die hintere Schaltung. Durch das zusätzlich integrierte Rastersystem kann der Fahrer selbst bei stärkster Belastung präzise den gewünschten Gang einlegen. Der Zahnkranz besteht aus neun verschieden großen Kränzen, die auch jeweils dem Streckenprofil angepaßt werden. Die kleinen Kränze (11 Zähne) werden meist bei Flachetappen und die großen Kränze (23 Zähne) in den Bergen gefahren.

Die Zeitfahrmaschine

Im Gegensatz zum normalen Rad spielt beim Zeitfahrrad die Aerodynamik die übergeordnete Rolle. Während der Entwicklung werden immer wieder Tests im Windkanal durchgeführt, um den Luftwiderstand und die Verwirbelungen so gering wie möglich zu halten. Aber nicht nur der Rahmen ist von dieser Entwicklung betroffen, auch die Laufräder werden nach aerodynamischen Gesichtspunkten entworfen. Hier haben sich neben dem Scheibenrad, das hauptsächlich als Hinterrad eingesetzt wird, die sogenannten Three- oder Five-Spoke-Räder durchgesetzt. Sie bieten wenig Verwirbelungen und dennoch gute Lenkeigenschaften. Ein Scheibenrad als Vorderrad wäre zu anfällig für Seitenwind und würde die Sturzgefahr erhöhen. Da es genaue Vorschriften für das Aussehen von Zeitfahrmaschinen und die Position des Fahrers gibt, sind Räder wie die des Schotten Graham Obree verboten. Mit seinem Rad Marke Eigenbau und in einer Position, bei der er mit der Brust praktisch auf dem Lenker lag und die Arme ganz dicht an den Körper anlegte, holte er sich zwar kurzfristig den Stundenweltrekord, diese Fahrposition machte aber eine absolute Kontrolle des Rades unmöglich und führte bei jedem noch so kleinen Schlenker fast zum Sturz. Doch aller Technik zum Trotz – nur wenn der Fahrer gute Muskeln hat, kann auch so ein High-Tech-Gerät Nutzen bringen.

Die Ausrüstung

Ebenso wichtig wie die technische Ausstattung ist für die Fahrer die Bekleidung.

Das beginnt bei Trikots und Jacken aus atmungsaktiven Klimafasern, die sowohl gegen Hitze, Kälte und Nässe schützen sollen. Nicht fehlen dürfen die sogenannten Überschuhe, besonders für die Frühjahrsklassiker. Eines der ärgsten Probleme auf dem Rad sind kalte Füße. Von besonderer Bedeutung ist der Helm. Gerade auf den Feldwegen der klassischen Straßenrennen bietet er enormen Schutz gegen Kopfverletzungen bei den zahlreichen Stürzen. Aber auch während der regulären Saison gehen immer mehr Fahrer dazu über, einen Helm zu tragen – selbst bei hohen Temperaturen. Ein kleiner, aber ungeheuer wichtiger Ausrüstungsgegenstand sind die Radhandschuhe. Zum einen bieten sie im Sommer Schutz vor verschwitzten Handinnenflächen und einem eventuellen Abrutschen vom Lenker, andererseits schützen sie die empfindlichen Handinnenflächen bei Stürzen gegen Schürfwunden. Radschuhe und auch technisches Equipment wie Pulsmesser zur Leistungskontrolle gehören ebenso zur Ausstattung eines Profiteams wie Verträge mit Produzenten von Mineraldrinks und Energieriegeln. Immer häufiger werden die Radfahrer auch mit kleinen Accessoires wie Stirnbändern und Sonnenbrillen ausgerüstet, die bei Siegerehrungen dann werbewirksam in Bild gerückt werden. Doch manchmal ist die Ausrüstung die gleiche wie noch vor Jahrzehnten: Wenn die Mannschaftswagen auf den Paßhöhen nicht rechtzeitig die windabweisenden Jacken reichen können, greifen die Fahrer einfach zu Zeitungen, die ihnen von den Fans gereicht werden und stopfen sie zum Windschutz unter ihr Trikot. Unter den Fans kommt es nicht selten zu Handgreiflichkeiten, weil jeder seine Zeitung anreichen will.

Verpflegung – und das Gegenteil …

Wie im normalen Leben, so gibt es auch im Profiradsport Verfechter rein vegetarischer oder aber fleischlicher Kost. Die Mehrzahl der Sportler setzt jedoch auf eine ausgewogene, vollwertige und abwechslungsreiche Ernährung. Dabei stehen neben reichlich Gemüse und kohlehydratreicher Kost natürlich auch Fleisch, Fisch und auch Geflügel auf dem Speiseplan. Verdeutlicht wird diese durch die Speisekarte an einem Wettkampftag:

Das Frühstück (ca. 2–3 Stunden vor dem Rennen):

1–2 Teller über Nacht eingeweichtes Müsli mit frischem Obst und Sojamilch; Brot oder Brötchen mit Marmelade, Honig und Kaffee oder Tee; anschließend Spaghetti, Reis oder Eier-Omelett. Kurz vor dem Start Müsliriegel und Reistörtchen.

Das Rennen:

Ein bis zwei Energieriegel (ca. 200 kcal) und Energiedrinks (ca. 300 kcal) bis zur Hälfte des Rennens. Bei der Verpflegungskontrolle werden dann Reistörtchen, Energiedrinks und Fruchtschnitten (ca. 100 kcal) gereicht. Kurz vor dem Finale trinken die Fahrer noch einmal konzentrierte Energie oder auch eine Dose Coca-Cola.

Nach dem Rennen:

Ein Kohlehydratdrink (ca. 200 kcal) direkt nach der Zieldurchfahrt; Müsli und Bananen nach der Ankunft im Mannschaftsquartier.

Das Abendessen:

Nudeln; Fleisch; Fisch und Gemüse; als Dessert Obst, Joghurt oder auch Kuchen. Ab und an ein Glas Wein oder Champagner bei erfolgreichen Etappen. Da die Fahrer gerade bei Rundfahrten Tag für Tag extremen körperlichen Belastungen ausgesetzt sind, reicht oft auch eine vollwertige Ernährung nicht aus, um die verbrauchten Mineralien und Spurenelemente auszugleichen. Daher werden diese zum Teil auch in Tablettenform verabreicht, um die Risiken von Mangelerscheinungen zu minimieren. Einmal pro Monat lassen sich die Fahrer auf Mangelerscheinungen untersuchen.

Eines der größten Probleme der Fahrer sind die enormen Flüssigkeitsmengen, die sie während eines siebenstündigen Rennens zu sich nehmen. Zwischen vier und fünf Liter werden dann getrunken, müssen aber auch wieder ausgeschieden werden, und das geschieht nicht nur durch Ausschwitzen. Bei niedrigem Tempo, meist zu Beginn des Rennens, finden sich leicht zwanzig bis dreißig Fahrer, die dann gemeinsam vom Rad steigen und sich rechts und links der Straße erleichtern. Bei der Tour de France dürfen dann jedoch keine Zuschauer in der Nähe sein. Der Bußgeldkatalog der Tour sieht für solche Fälle eine Strafe von 500 Schweizer Franken für »öffentliches Urinieren« vor. Es gibt aber auch Rennsituationen, die ein Absteigen unmöglich machen. Dann steuert der Fahrer ganz nahe an den Straßenrand und stellt sich in die Pedale. Die der Straßenmitte zugeneigte Hand am Lenker, dreht er sich in Richtung Straßengraben und zieht sich die Hose so weit herunter, daß er sich erleichtern kann. Oft schieben Teamkollegen währenddessen an, damit nicht zuviel Fahrt und somit der Kontakt zum Feld verlorengeht.

Die Fans

Wer ein Profiradrennen live am Straßenrand miterleben will, egal ob es sich dabei um ein Etappen- oder Eintagesrennen handelt, der muß vor allem Geduld, Geduld und nochmals Geduld mitbringen. Und dann ist nach teilweise stundenlanger Warterei das Feld in wenigen Minuten vorbeigerauscht. Erfahrene Live-Zuschauer haben sich im Lauf der Jahre jedoch ganz bestimmte Plätze ausgesucht, von denen aus man dann doch einen längeren Blick auf die »Stars der Straße« werfen kann. Besonders geeignet sind dafür bei Etappenrennen die langen Anstiege im Hochgebirge, sprich bei der Tour de France die Alpen und Pyrenäen. Hier können die Fans die Fahrer schon weit unterhalb ihres Standpunktes sehen und die Serpentinen hinauf verfolgen. Viele nutzen das langsamere Tempo der Fahrer, um eine kurze Strecken neben ihnen herzulaufen, sie anzufeuern oder auch mit Wasser zu kühlen. Dabei geht aber oft das Temperament mit den Fans durch und sie riskieren durch ihre »Begleitung« einen Sturz der Fahrer. Weniger risikoreich und dennoch für die Fahrer enorm anspornend sind ihre in riesigen Lettern auf den Asphalt geschriebenen Namen. Verboten ist dagegen in der Regel das Anschieben der Fahrer. Während die Spitzenfahrer in solchen Fällen von den Schiedsrichtern schon mal mit Zeitstrafen belegt werden, drückt man bei Nachzüglern öfter mal ein Auge zu. Die Fans, die die Frühjahrsklassiker in Belgien live miterleben, haben meist eine andere Taktik, um die Fahrer über längere Zeit bzw. öfter zu sehen. Sie suchen sich ebenfalls einen Platz an den berüchtigten Kopfsteinpflaster-Anstiegen, wie z.B. der Mauer von Geraadsbergen. Nachdem das Feld diesen Punkt passiert hat, heißt es: Zusammenpacken und auf zum nächsten Beobachtungsposten. Die Streckenführung bei diesen Rennen verläuft nämlich in sehr vielen Schleifen, so daß die Fans die Fahrer einige Zeit später nur wenige Kilometer entfernt nochmals anfeuern können.

C) Thema Nummer 1: Doping

Die Geschichten und Gerüchte über die Einnahme stimulierender und aufputschender Mittel, sprich Doping, begleiten den Radsport und speziell die Tour de France seit ihrer Entstehung im Jahr 1903. Es erscheint einem heute fast unglaublich, daß die Fahrer unter den damaligen Bedingungen Tagesetappen von teilweise über 400 Kilometern und einer Fahrzeit von über 14 Stunden absolvierten. Das läßt den Verdacht auf zusätzliche »Unterstützung« nur zu verständlich erscheinen, zumal die medizinischen Voraussetzungen einen Nachweis von Dopingmitteln damals gar nicht erlaubten. So konnten sich die schwarzen Schafe unter den Radrennfahrern fast 60 Jahre lang unbemerkt einen kleinen Vorteil erschlucken. Erst mehrere Todesfälle in den sechziger Jahren, mit dem tragischen Tod des Engländers Tom Simpson während der Tour 1967 als Tiefpunkt, führten zu nun fast 30 Jahren Dopingkontrollen. Trotz stetig steigender Kontrollen und verschärften Regeln wurde auch im Radsport weiter gedopt – mit neuen Mittel und neuen Risiken. Zwischen 1989 und 1997 starben nicht weniger als fünf noch aktive oder ehemalige Radsportprofis, indem sie zusammenbrachen – offizielle Todesursache: »Herzversagen«. Zufall oder zu erwartendes Ergebnis einer »biologischen Doping-Zeitbombe«? Die Ereignisse der Tour de France waren die logische Konsequenz bei der Entwicklung eines Kraken namens Doping, der seine Fänge immer weiter auszustrecken droht.

Die Bekämpfung der weiteren Ausbreitung des Doping-Sumpfes sollte auf der Anti-Doping-Konferenz des Internationalen Olympischen Komitees (IOC) Anfang Februar in Lausanne beschlossen werden. Mit der Einrichtung einer unabhängigen Anti-Doping-Agentur und der Einführung von Trainingskontrollen für alle 35 olympischen Sportverbände – bisher wurden Trainingskontrollen nur in 11 Verbänden durchgeführt – kam man ein kleines Stück voran. Die einheitliche Mindeststrafe von zwei Jahren kann jeder Verband jedoch nach Einzelfallprüfung nach unten oder oben verändern.

Interview mit Prof. Dr. Wilhelm Schänzer

(Leiter des Instituts für Biochemie an der Sporthochschule Köln)

Frage: Waren Sie von den Doping-Ereignissen während der Tour 1998 überrascht?

Antwort: Daß Doping im Radsport ein aktuelles Thema ist, erleben wir bei unserer täglichen Arbeit im Institut. Mit einem solchen Ausmaß habe ich aber nicht gerechnet.

Frage: Welche unterschiedlichen Dopingmittel gibt es, und welche finden im Radsport am häufigsten Anwendung?

Antwort: Die Dopingmittel werden allgemein in die folgenden sogenannten Wirkstoffgruppen eingeteilt: Stimulantien, Narkotika, anabole Wirkstoffe, Diuretika und Peptidhormone. Die Wirkstoffgruppen der Stimulantien und anabolen Steroidhormone (kurz auch Anabolika) spielen beim Doping im Radsport die wichtigste Rolle.

Die bekanntesten Wirkstoffe sind Ephedrine, Amphetamine und Koffein bei den Stimulantien und Testosteron bei den anabolen Steroidhormonen.

Frage: Wie unterscheiden sich diese Stoffe in ihrer Wirkungsweise?

Antwort: Die Stimulantien Ephedrin (häufig in Nasentropfen zu finden) und Amphetamin ähneln in ihrem Aufbau dem körpereigenen Streßhormon Adrenalin und führen somit zu den gleichen Wirkungen. Sauerstoff kann durch Erweiterung der Bronchien und Erhöhung der Herzfrequenz vermehrt aufgenommen und besser transportiert werden. Dadurch erhöht sich die Herzkraft, und Ermüdungszustände können leichter verdrängt werden. Die Einnahme von Anabolika führt unter anderem zu mehr Skelettmuskulatur, mehr roten Blutkörperchen und Abnahme des prozentualen Körperfettanteils.

Frage: Welche gesundheitlichen Risiken bergen diese Mittel für den Sportler?

Antwort: Stimulantien, hier besonders Amphetamin, führen zu einem Wärmestau und lassen den Blutdruck steigen. Das Herzinfarktrisiko wird vergrößert. Aber auch Halluzinationen oder Psychosen können auftreten. Bei Anabolika-Einnahme drohen vor allem Leberschäden ebenso wie Schädigungen des Herz-Kreislaufsystems. Psychische Veränderungen wie Euphorie, Aggressivität oder Depressionen sind weitere unliebsame Nebenwirkungen; bei Frauen tritt eine »Vermännlichung« ein.

Frage: Gibt es gravierende Unterschiede im Zeitpunkt der Einnahme der einzelnen Mittel?

Antwort: Während die Einnahme aller Wirkstoffgruppen (Stimulantien, Narkotika, Anabolika, Diuretika und Peptidhormone) im Wettkampf verboten ist, gilt das im Training nur für die drei letztgenannten. Man unterscheidet deshalb zwischen Wettkampf-Doping, z.B. mit der Einnahme von Stimulantien, und Trainingsdoping, beispielsweise mit Anabolika oder EPO.

Frage: Wie schwer sind die oben genannten Mittel nachzuweisen, und gibt es Situationen, in denen die Einnahme erlaubt ist?

Antwort: Der Nachweis der »Wettkampf-Dopingmittel« ist einfacher, weil hier auch die Kontrollen leichter durchzuführen sind als bei Trainingskontrollen. Stimulantien und Narkotika können in der Trainingsphase aus therapeutischen Gründen verabreicht werden. Ein rechtzeitiges Absetzen der Mittel vor dem Wettkampf ist natürlich Voraussetzung für die Teilnahme des Sportlers.

Frage: Ist in Kürze mit neuen Methoden, die den Nachweis des Dopingmißbrauchs vereinfachen (besonders beim »Mode-Dopingmittel« EPO), zu rechnen?

Antwort: Das Problem beim Nachweis von EPO ist, daß dieses nur anhand des Hämatogritwertes bestimmt wird. Man ermittelt den Anteil der festen Bestandteile im Blut, der nicht über 50% liegen darf. Es wird in mehreren Laboren an neuen Methoden gearbeitet, um noch weitere Parameter in diese Blutuntersuchungen einzubeziehen und ein aussagekräftigeres Ergebnis zu erhalten.

Frage: Wie gestaltet sich der Ablauf einer Dopingkontrolle, und wie hoch belaufen sich die Kosten?

Antwort: Bei der Dopingkontrolle (hier das Beispiel einer Urinprobe) werden zwei Phasen unterschieden: die Probenentnahme und die Analyse. Eine Vollanalyse kostet z.Zt. DM 300,–. Eine strenge Kontrolle der Probennahme bis zu ihrer Versiegelung und dem Transport in das Labor ist selbstverständlich. Da die Probe in eine sogenannte A- und B-Probe unterteilt wird, erfolgt zuerst die Analyse der A-Probe. Im Fall eines positiven Befundes wird der Verband von dem Ergebnis unterrichtet. Bei der notwendigen Untersuchung der B-Probe kann der Sportler mit einem Interessenvertreter anwesend sein. Ist auch diese Probe positiv, liegt es nun am Verband, das Strafmaß festzulegen.

Frage: Wie hoch schätzen Sie die Dunkelziffer, besonders im Amateurbereich, bei den sogenannten Rundstrecken- oder Kirmesrennen?
Antwort: Sehr hoch, da hier der organisatorische Aufwand einer Dopingkontrolle zu hoch ist und sich nicht rechnen würde.

Frage: Wie viele Dopinganalysen führen Sie in Köln aus?
Antwort: Insgesamt analysieren wir ca. 7000 Dopingproben, davon etwa 600 aus dem Radsport. Diese teilen sich wiederum in Wettkampf- und Trainingsproben auf. Trainingsproben werden jedoch nur bei den Athleten der Olympiakader durchgeführt.

Frage: Waren bei positiven Dopingbefunden Ihres Instituts auch deutsche Radsportler betroffen?
Antwort: Nein, im Jahr 1998 war kein deutscher Fahrer positiv. Im deutschen Radsport ist keine besondere Tendenz zum Doping zu erkennen. Es spielt eher eine untergeordnete Rolle.

Frage: Gibt es eine institutsübergreifende Zusammenarbeit mit anderen Dopinglabors?
Antwort: Ja, in Arbeitsgruppen forschen wir zusammen mit dem Institut in Kraischa, und für den EPO-Nachweis ist eine Zusammenarbeit mit skandinavischen Laboren geplant.

Frage: Gibt es besondere Präparate, die beispielsweise auf pflanzlicher Basis Mineralmangel, bedingt durch Hochleistungssport, beheben und die man bedenkenlos auch jugendlichen Sportlern empfehlen kann?
Antwort: Die beste Ernährung ist immer noch die durch ausgewogene Kost mit Kohlehydraten, Obst und Gemüse. Vitamine, Elektrolyte und Mineralien können auch in Tabletten- oder Kapselform eingenommen werden, Vorsicht ist jedoch bei der Anwendungsmenge geboten.

Der Strafenkatalog für Dopingvergehen

Der bisher gültige Strafenkatalog des Radsport-Weltverbandes (UCI) für den Bereich des Profiradsports unterscheidet nicht nur zwischen dem Betrug oder Betrugsversuch und der unerlaubten Einnahme von Dopingsubstanzen. Ist ein Fahrer des Dopings überführt worden, richtet sich die Höhe seiner Strafe auch danach, was er eingenommen hat. Für Substanzen, die zu medizinischen oder therapeutischen Zwecken eingenommen wurden, ist die Strafe weniger hart.

Strafen für Betrug oder versuchten Betrug

1. Versuch: – Disqualifikation und eine Startsperre zwischen 6 Monaten und 2 Jahren
              – 15 000 Schweizer Franken Geldstrafe
              – 100 Punkte Abzug in der Einzelwertung der UCI-Weltrangliste
2. Versuch: – Disqualifikation und eine Startsperre von mindestens 1 Jahr bis hin zu einer lebenslangen Sperre
              – 20 000 Schweizer Franken Geldstrafe
              – 150 Punkte Abzug in der Einzelwertung der UCI-Weltrangliste

Strafen für Dopingmißbrauch

Besondere Substanzen

1. Versuch: – Disqualifikation und eine Startsperre von mindestens 3 Monaten
              – 2 000 bis 4 000 Schweizer Franken Geldstrafe
              – 50 Punkte Abzug in der Einzelwertung der UCI-Weltrangliste
2. Versuch: – Disqualifikation und eine Startsperre zwischen 6 Monaten und 1 Jahr
              – 4 000 bis 6 000 Schweizer Franken Geldstrafe
              – 75 Punkte Abzug in der Einzelwertung der UCI-Weltrangliste

| 3. Versuch: | – Disqualifikation und lebenslange Sperre |
| | – 8 000 Schweizer Franken Geldstrafe |

»Normale« Substanzen

1. Versuch:	– Disqualifikation und eine Startsperre zwischen 6 Monaten und 1 Jahr
	– 2000 bis 4000 Schweizer Franken Geldstrafe
	– 50 Punkte Abzug in der Einzelwertung der UCI-Weltrangliste
2. Versuch:	– Disqualifikation und eine Startsperre zwischen 1 bis 2 Jahren
	– 4000 bis 6000 Schweizer Franken Geldstrafe
	– 75 Punkte Abzug in der Einzelwertung der UCI-Weltrangliste
3. Versuch:	– Disqualifikation und lebenslange Sperre
	– 8000 Schweizer Franken Geldstrafe

Bei der Anti-Doping-Konferenz im Februar 1999 in Lausanne einigten sich die teilnehmenden Sportverbände auf eine zweijährige Regelsperre für Ersttäter. Jeder Verband kann jedoch durch eine Einzelprüfung das Strafmaß noch nach unten verändern. Wiederholungstäter werden dann künftig lebenslang gesperrt und können mit Geldbußen von bis zu 1 Mio. US-Dollar belegt werden. Da bisher keine endgültige Änderung des Strafenkatalogs erfolgt ist, gelten die oben genannten Strafen unter Vorbehalt bis auf weiteres.

D) Wichtige Rundfahrten, Eintagesrennen und Klassiker vor der Tour

Genannt wird neben dem Veranstaltungstermin der Name des Rennens sowie das Veranstalterland. Etappenrennen, Klassiker und die Weltcuprennen sind besonders gekennzeichnet. Die Weltrangliste wird nach den Ergebnissen aller Profirennen ermittelt. Zum Weltcup zählen 10 ausgewählte Rennen, darunter auch einige der sogenannten »Klassiker«. Als »Klassiker« werden traditionell die großen Eintagesrennen zu Beginn und zum Ende der Saison bezeichnet, die teilweise bereits seit der Jahrhundertwende ausgetragen werden.

27.02.	Omloop Het Volk (Belgien)		
	Name	Team	Zeit/Rückstand
1.	Franck Vandenbroucke	Cofidis	5.12:00 Std.
2.	Wilfried Peeters	Mapei	0:34 Min.
3.	Tom Steels	Mapei	0:34 Min.

07.–14.03.	Paris–Nizza (Frankreich) – Etappenrennen		
	Name	Team	Zeit/Rückstand
1.	Michael Boogard	Rabo	36.04:13 Std.
2.	Markus Zberg	Rabo	0:57 Min.
3.	Santiagi Botero	Kelme	1:38 Min.

10.–17.03. Tirreno–Adriatico (Italien) – Etappenrennen

	Name	Team	Zeit/Rückstand
1.			
2.			
3.			

21.03. Mailand–San Remo (Italien) – Weltcup   Klassiker

	Name	Team	Zeit/Rückstand
1.			
2.			
3.			

22.–26.03. Semana Catalana de Ciclismo (Spanien) – Etappenrennen

	Name	Team	Zeit/Rückstand
1.			
2.			
3.			

27.03. Grand Prix E3 Harelbeke (Belgien)

	Name	Team	Zeit/Rückstand
1.			
2.			
3.			

04.04. Flandern-Rundfahrt (Belgien) – Weltcup   Klassiker

	Name	Team	Zeit/Rückstand
1.			
2.			
3.			

07.04. Gent–Wevelgem (Belgien)   Klassiker

	Name	Team	Zeit/Rückstand
1.			
2.			
3.			

11.04. Paris–Roubaix (Frankreich) – Weltcup   Klassiker

	Name	Team	Zeit/Rückstand
1.			
2.			
3.			

14.04. Fleche Wallone (Belgien)   Klassiker

	Name	Team	Zeit/Rückstand
1.			
2.			
3.			

18.04.　Lüttich–Bastogne–Lüttich (Belgien) – Weltcup　　Klassiker

	Name	Team	Zeit/Rückstand
1.			
2.			
3.			

22.–29.04.　Niedersachsen-Rundfahrt (Deutschland) – Etappenrennen

	Name	Team	Zeit/Rückstand
1.			
2.			
3.			

24.04.　Amstel Gold Race (Niederlande) – Weltcup

	Name	Team	Zeit/Rückstand
1.			
2.			
3.			

01.05.　Rund um den Henninger-Turm (Deutschland)

	Name	Team	Zeit/Rückstand
1.			
2.			
3.			

04.–09.05. Tour de Romandie (Schweiz) – Etappenrennen

	Name	Team	Zeit/Rückstand
1.	_____	_____	_____
2.	_____	_____	_____
3.	_____	_____	_____

07.–15.05. Friedensfahrt (Tschechei, Polen, Deutschl.) – Etappenrennen

	Name	Team	Zeit/Rückstand
1.	_____	_____	_____
2.	_____	_____	_____
3.	_____	_____	_____

15.05.–06.06.   **Giro d'Italia (Italien) – Etappenrennen
über 3730 Kilometer**

1. Etappe (15.05.)	Agrigento–Modica		162 Kilometer
	Name	Team	Zeit/Rückstand
1.			
2.			
3.			

2. Etappe (16.05.)	Noto–Catania		155 Kilometer
	Name	Team	Zeit/Rückstand
1.			
2.			
3.			

3. Etappe (17.05.)	Catania–Messina		202 Kilometer
	Name	Team	Zeit/Rückstand
1.			
2.			
3.			

4. Etappe (18.05.) Vibo Valentia–Terme Luigiane   176 Kilometer

	Name	Team	Zeit/Rückstand
1.			
2.			
3.			

5. Etappe (19.05.) Terme Luigiane–Monte Sirino   150 Kilometer

	Name	Team	Zeit/Rückstand
1.			
2.			
3.			

6. Etappe (20.05.) Lauria–Foggia   242 Kilometer

	Name	Team	Zeit/Rückstand
1.			
2.			
3.			

7. Etappe (21.05.) Foggia–Lanciano   153 Kilometer

	Name	Team	Zeit/Rückstand
1.			
2.			
3.			

8. Etappe (22.05.) Pescara–Gran Sasso d'Italia   250 Kilometer

	Name	Team	Zeit/Rückstand
1.	_____	_____	_____
2.	_____	_____	_____
3.	_____	_____	_____

9. Etappe (23.05.) Einzelzeitfahren – Ancona–Ancona   31 Kilometer

	Name	Team	Zeit/Rückstand
1.	_____	_____	_____
2.	_____	_____	_____
3.	_____	_____	_____

10. Etappe (24.05.) Ancona–San Sepolcro   179 Kilometer

	Name	Team	Zeit/Rückstand
1.	_____	_____	_____
2.	_____	_____	_____
3.	_____	_____	_____

11. Etappe (25.05.) San Sepolcro–Cesenatico   127 Kilometer

	Name	Team	Zeit/Rückstand
1.	_____	_____	_____
2.	_____	_____	_____
3.	_____	_____	_____

12. Etappe (26.05.)   Cesenatico–Sassuolo   168 Kilometer

	Name	Team	Zeit/Rückstand
1.			
2.			
3.			

13. Etappe (27.05.)   Sassuolo–Rapallo   232 Kilometer

	Name	Team	Zeit/Rückstand
1.			
2.			
3.			

Ruhetag (28.05.)

14. Etappe (29.05.)   Bra–Borgo San Dalmazzo   182 Kilometer

	Name	Team	Zeit/Rückstand
1.			
2.			
3.			

15. Etappe (30.05.)   Racconigi–Oropa   160 Kilometer

	Name	Team	Zeit/Rückstand
1.			
2.			
3.			

16. Etappe (31.05.) — Biella–Lumezzane — 241 Kilometer

	Name	Team	Zeit/Rückstand
1.			
2.			
3.			

17. Etappe (01.06.) — Lumezzane–Castelfranco Veneto — 198 Kilometer

	Name	Team	Zeit/Rückstand
1.			
2.			
3.			

18. Etappe (02.06.) — Einzelzeitfahren – Treviso–Treviso — 45 Kilometer

	Name	Team	Zeit/Rückstand
1.			
2.			
3.			

19. Etappe (03.06.) — Castelfranco Veneto–Alpe di Pampeago — 164 Kilometer

	Name	Team	Zeit/Rückstand
1.			
2.			
3.			

20. Etappe (04.06.) Predazzo–Madonna di Campiglio 207 Kilometer

	Name	Team	Zeit/Rückstand
1.			
2.			
3.			

21. Etappe (05.06.) Madonna di Campiglio–Aprica 187 Kilometer

	Name	Team	Zeit/Rückstand
1.			
2.			
3.			

22. Etappe (06.06.) Boario Terme–Mailand 169 Kilometer

	Name	Team	Zeit/Rückstand
1.			
2.			
3.			

Gesamtwertung (Endstand) Giro d'Italia 1999

	Name	Team	Zeit/Rückstand
1.			
2.			
3.			

16.05. Rund um Köln (Deutschland)

	Name	Team	Zeit/Rückstand
1.			
2.			
3.			

18.-23.05. Midi Libre (Frankreich) – Etappenrennen

	Name	Team	Zeit/Rückstand
1.			
2.			
3.			

19.-23.05. Int. Bayern-Rundfahrt (Deutschland) – Etappenrennen

	Name	Team	Zeit/Rückstand
1.			
2.			
3.			

28.05.–03.06. Deutschland-Tour (Deutschland) – Etappenrennen

	Name	Team	Zeit/Rückstand
1.			
2.			
3.			

	Name	Team	Zeit/Rückstand
1.			
2.			
3.			

	Name	Team	Zeit/Rückstand
1.			
2.			
3.			

	Name	Team	Zeit/Rückstand
1.			
2.			
3.			

	Name	Team	Zeit/Rückstand
1.			
2.			
3.			

Die Tour-Karawane und die Medien

Der organisatorische Aufwand für die reibungslose Durchführung einer Tour de France ist gigantisch und verlangt schon Jahre im voraus eine detailierte Planung. Unter anderem wird schon frühzeitig entschieden, welche Etappenorte in die jeweilige »Schleife« einbezogen werden. Nach dem Startschuß der Tour setzt sich eine große Karawane quer durch Frankreich in Bewegung:

Organisation:	250 Personen und 180 Fahrzeuge
Werbekolonne:	600 Personen und 220 Fahrzeuge
Sicherheitskräfte:	13 000 Polizisten und 40 Motorräder der Nationalgarde
Feld:	198 Fahrer, 250 Betreuer und 180 Fahrzeuge
Medien:	– 440 Zeitungen und 100 Radiostationen
	– 60 Fernsehsender übertragen in 160 Länder der Welt
	– 540 schreibende Journalisten und 230 Fotografen
	– 600 Fahrzeuge mit technischem Equipment zur Fernseh- und Radioübertragung, mit ca. 1000 Technikern und Fahrern

In früheren Jahren finanzierte sich die Tour de France hauptsächlich durch die Summen, die die Städte dafür bezahlten, Start-, Ziel- oder auch nur Durchfahrtsort einer Touretappe zu sein, sowie durch die Werbekolonne, die dem Fahrerfeld immer ca. eine Stunde vorausfährt. Doch mittlerweile ist der Anteil der Medien, besonders des Fernsehens, auf gut 30 Prozent des Gesamtbudgets gewachsen, und mit einer weiteren Steigerung ist zu rechnen. Die privaten Fernsehanstalten sind stark daran interessiert, mehr als zwei Milliarden Zuschauer in aller Welt mit

Die »Tour de France« im Ersten

Jan Ullrich und das Team Telekom haben auch im vergangenen Jahr für Radsportbegeisterung vor den Bildschirmen gesorgt. Auf den 21. Etappen von Dublin nach Paris verfolgten insgesamt 36,72 Millionen Zuschauer im Ersten die Jagd nach dem Gelben Trikot. Die stundenlangen Liveübertragungen erzielten Marktanteile zwischen 25 und 50 Prozent; in der Spitze waren 6 Millionen Zuschauer bei der großen Schleife direkt dabei. Die Radioprogramme der ARD sendeten 355 Beiträge, meldeten sich live vom aktuellen Renngeschehen, übertrugen Beiträge über Land und Leute, über die Zielankünfte und das Neueste von der Doping-Front. Das erstmals eingesetzte Internet-Angebot der ARD verzeichnete in den drei Tour-Wochen über 9 Millionen Zugriffe.

Auf diesen Erfahrungen baut Das Erste auch bei seiner Berichterstattung von der Tour de France '99. Fernsehen, Radio und Internet – die ARD ist auch in diesem Jahr mit einem großen, mobilen Team vor Ort dabei. Neben den Bildern des französischen Fernsehens bringt Das Erste Beiträge eigener Kamera- und Reporterteams vom Start, vom Ziel und aus dem Hotel des Team Telekom. Im Mittelpunkt stehen wie gehabt die Liveübertragungen der Etappen. In den Alpen und in den Pyrenäen beginnen die Sendungen bereits am frühen Vormittag. Nach der Hauptausgabe der »Tagesschau« gibt es täglich um 20.15 Uhr die Bilder des Tages mit Interviews und Kommentaren. Dabei wurde auch das Kommentatoren-/Moderatoren-Team der ARD verstärkt: Zu Rudi Altig, Roman Bonnaire, Hagen Boßdorf, Jürgen Emig und Herbert Watterott stößt in diesem Jahr der Ex-Profifahrer Mario Kummer.

Die ARD-Radiowellen bieten ebenfalls einen umfassenden Service mit Vorschauen und Magazinbeiträgen in den Frühsendungen vor 8.00 Uhr bis zu den Zusammenfassungen am Abend.

Besonderes Augenmerk liegt auch 1999 auf dem Internetangebot unter ardtour.de. Vom stets und ständig aktualisierten Etappenticker bis zur Rubrik »Rudi Altig meint« lockt ein umfassender Service.

Seit der Aufnahme einer regelmäßigen Berichterstattung über die »Tour de France« in den elektronischen Medien ist der Saarländische Rundfunk federführend für die ARD in Hörfunk und Fernsehen und jetzt auch im Internet tätig. Auch 1999 steht das ARD-Team wieder unter Leitung des Tour-Experten und SR-Fernsehdirektors Werner Zimmer.

Informationen von diesem Sportgroßereignis zu versorgen und die alleinigen Nutzungsrechte vom staatlichen französischen Fernsehsender France 2 zu übernehmen.

Als »Touri« bei der Tour

Für jede Stadt, die von der Société du Tour de France als Etappenort ausgewählt wurde, ist das eine besondere Auszeichnung. Egal ob Start- oder Zielort, in allen Städten und in der näheren Umgebung wird die Tour-de-France-Karawane mit zahlreichen Veranstaltungen begrüßt, die den einheimischen und ausländischen Fans viele verschiedene Vergnügungsmöglichkeiten bieten.

Wer einmal eine oder mehrere Touretappen live erleben möchte, wendet sich so früh wie möglich an die Fremdenverkehrsbüros der Etappenstädte.

Fremdenverkehrsämter der Etappenorte

(in Klammern das jeweilige Département)

La Roche-sur-Yon
Kleinstadt in der unmittelbaren Umgebung des »Puy du Fou« (Vendée)
Office de Tourisme
Rue George Clémenceau
85000 La Roche-sur-Yon
Telefon: 00 33 / 2 / 51 36 00 85
Fax: 00 33 / 2 / 51 47 46 57

Montaigu (Vendée)
Office de Tourisme
Mairie
85600 Montaigu
Telefon: 00 33 / 2 / 51 06 39 17

Challans (Vendée)
Office de Tourisme
4 rue Gambetta
85300 Challans
Telefon: 00 33 / 2 / 51 93 19
Fax: 00 33 / 2 / 51 49 76

Saint-Nazaire (Loire Atlantique)
Office de Tourisme
Place François Blancho B.P. 178
44613 Saint-Nazaire
Telefon: 00 33 / 2 / 40 22 40 65
Fax: 00 33 / 2 / 40 22 19 80

Nantes (Loire Atlantique)
Office de Tourisme
7 rue valmy B.P.
64106 Nantes Cédex 01
Telefon: 00 33 / 2 / 40 20 60 00
Fax: 00 33 / 2 / 40 89 11 99

Laval (Mayenne)
Office de Tourisme
Allée du Vieux Saint-Louis B.P. 614;
53006 Laval
Telefon: 00 33 / 2 / 43 49 46 46
Fax: 00 33 / 2 / 43 49 46 21

Blois (Loir-et-Cher)
Office de Tourisme
3 avenue Jean Laigret
41000 Blois
Telefon: 00 33 / 2 / 54 74 06 49
Fax: 00 33 / 2 / 54 56 04 59

Bonneval (Eure et Loir)
Office de Tourisme
Logis des Trois Marchands
Place de La Mairie
28000 Bonneval
Telefon: 00 33 / 2 / 37 47 55 89
Fax: 00 33 / 2 / 37 96 28 62

Amiens (Somme)
Office de Tourisme
6 bis rue Dusevel
80000 Amiens
Telefon: 00 33 / 3 / 22 71 60 50
Fax: 00 33 / 3 / 22 71 60 51

Maubeuge (Nord)
Office de Tourisme
Sites douanier de Bettigniers
Routes de Mons B.P. 46;
59601 Maubeuge
Telefon: 00 33 / 3 / 27 68 43 46

Avesnes sur Helpe (Nord)
Office de Tourisme
Maison du Chanoine
41 Place du Général Leclerc
59440 Avesnes sur Helpe
Telefon: 00 33 / 3 / 27 56 57 20
Fax: 00 33 / 3 / 27 56 57 20

Thionville (Morselle)
Office de Tourisme
16 rue du Vieux Collège
57100 Thionville
Telefon: 00 33 / 3 / 82 53 33 18
Fax: 00 33 / 3 / 82 53 15 55

Metz (Morselle)
Office de Tourisme
Place de la Comédie B.P. 7002
57030 Metz
Telefon: 00 33 / 3 / 8 75 53 76
Fax: 00 33 / 3 / 87 36 59 43

Le Grand Bornand (Haute-Savoie)
Office de Tourisme
Place de L'église
74450 Le Grand Bornand
Telefon: 00 33 / 4 / 50 02 78 00
Fax: 00 33 / 4 / 50 02 78 01

Sestriere (Italien)
I.A.T. Piazza Agnelli
10058 Sestriere
Telefon: 00 39 / 01 / 22 75 54 44

L'Alpe d'Huez (Isère)
Office de Tourisme
Place Paganon
38750 Huez
Telefon: 00 33 / 4 / 76 11 44 44
Fax: 00 33 / 4 / 76 80 69 54

Le Bourg d'Oisans (Isère)
Office de Tourisme
Quai Girard
38520 Le Bourg d'Oisans
Telefon: 00 33 / 4 / 76 80 03 25
Fax: 00 33 / 4 / 76 80 10 38

Saint-Etienne (Rhône-Alpes)
Office de Tourisme
16 Avenue de la Libération
42000 Saint-Etienne
Telefon: 00 33 / 4 / 77 49 39 18
Fax: 00 33 / 4 / 77 49 39 03

Saint-Galmier (Loire)
Office de Tourisme
Boulevard du sud
42330 Saint-Galmier
Telefon: 00 33 / 4 / 77 54 06 08
Fax: 00 33 / 4 / 77 54 06 07

Saint-Flour (Cantal)
Office de Tourisme
2 place d'armes B.P. 93
15104 Saint-Flour
Telefon: 00 33 / 4 / 71 60 22 50
Fax: 00 33 / 4 / 71 60 05 14

Albi (Tarn)
Office de Tourisme
Palais de la Berbie Place Sainte Cécile
81000 Albi
Telefon: 00 33 / 5 / 63 49 48 80
Fax: 00 33 / 5 / 63 49 48 98

Castres (Tarn)
Office de Tourisme
3 rue Milhau du Commun
81100 Castres
Telefon: 00 33 / 5 / 63 62 63 62
Fax: 00 33 / 5 / 63 62 63 60

Saint Gaudens (Haute-Garonne)
Office de Tourisme
2 rue Thiers
31800 Saint Gaudens
Telefon: 00 33 / 5 / 61 94 77 61
Fax: 00 33 / 5 / 61 94 77 50

Piau-Engaly (Hautes Pyrénées)
kleines Dorf in der Nähe von Aragnouet,
ohne eigenes Fremdenverkehrsbüro
Office de Tourisme
65170 Aragnouet
Telefon: 00 33 / 5 / 62 39 61 69
Fax: 00 33 / 5 / 62 39 61 19

Lannemezan (Hautes Pyrénées)
Office de Tourisme
Hall de la Mairie,
65300 Lannemezan
Telefon: 00 33 / 5 / 62 98 08 31
Fax: 00 33 / 5 / 62 40 21 50

Pau (Pyrénées Atlantique)
Office de Tourisme
Place Royale
64000 Pau
Telefon: 00 33 / 5 / 59 27 27 08
Fax: 00 33 / 5 / 59 27 03 21

Mourenx (Pyrénées Atlantique)
Office de Tourisme
Place Guymeyer
64150 Mourenx
Telefon: 00 33 / 5 / 59 60 07 89
Fax: 00 33 / 5 / 59 60 07 89

Bordeaux (Gironde)
Office de Tourisme
12 course du 30 juillet
33080 Bordeaux
Telefon: 00 33 / 5 / 56 00 66 00
Fax: 00 33 / 5 / 56 00 66 01

Jonzac (Charente-Maritime)
Office de Tourisme
25 place du Château B.P. 43
17502 Jonzac
Telefon: 00 33 / 5 / 46 48 49 29
Fax: 00 33 / 5 / 46 48 51 07

Futuroscope
Parc du Futuroscope
RN 10, 86130 Jaunay-Clan
Telefon: 00 33 / 5 / 49 49 30 00
Fax: 00 33 / 5 / 49 49 30 30

Arpajon (Essonne)
Office de Tourisme
70 Grand Rue
91290 Arpajon
Telefon: 00 33 / 1 / 60 83 36 51
Fax: 00 33 / 1 / 60 83 80 00

Paris (Région Parisienne)
Office de Tourisme
127 avenue des Champs Élysées
75008 Paris
Telefon: 00 33 / 1 / 49 52 53 54
Fax: 00 33 / 1 / 49 52 53 00

Die Strecke

1999 ist die Frankreichrundfahrt wieder auf ihren angestammten Platz im französischen Sportkalender zurückgekehrt. Der komplette Monat Juli steht somit im Zeichen der »Großen Schleife«. Mit einem Prolog über 8 Kilometer wird am 3. Juli am Le Puy du Fou der erste Träger des Gelben Trikots in der 86sten Ausgabe der Tour de France ermittelt. Danach müssen die Fahrer 11 Flachetappen, 3 Mittelgebirgsetappen, 4 Hochgebirgsetappen und zweimal Einzelzeitfahren absolvieren, ehe sie nach 3680 Kilometern am 25. Juli das Ziel auf den Champs-Élysées in Paris erreichen. »Unterbrochen« wird die Tour durch zwei Ruhetage am 12. Juli (gleichzeitig Flugtransfer) und 19. Juli. Im Gegensatz zu 1998 läuft die Tour '99 im Uhrzeigersinn. Das bedeutet, daß zuerst die Alpen und dann die Pyrenäen auf das Fahrerfeld warten; nach Meinung der meisten Experten ist ein solcher Streckenverlauf einfacher als umgekehrt. Diese Meinung vertrat auch Marco Pantani bei der Vorstellung der Tour '99. Gegenüber der internationalen Presse sagte er zudem: »Diese Tour ist auf Jan Ullrich zugeschnitten, und ich weiß noch nicht, ob ich teilnehme.«

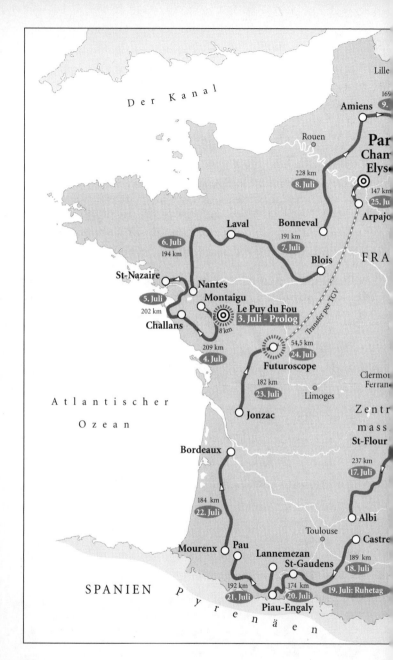

Le Puy du Fou – Paris:
3680 km in 20 Etappen

━━━ Die Strecke

Einzelzeitfahren

BELGIEN

Maubeuge

Avesnes-
sur-Helpe

3 km
. Juli

ims

LUX.

Thionville

Metz
56 km
11. Juli

Strasbourg

DEUTSCHLAND

Mulhouse

ICH

Dijon

SCHWEIZ

A l p e n

12. Juli: Ruhetag   Le Grand Bornand

almier   199 km
15. Juli   L'Alpe
d'Huez   215 km
13. Juli

218 km
14. Juli

St-Etienne   ITALIEN

km   Grenoble   Sestriere
uli   Le Bourg
d'Oisans

Nimes

Marseille

M i t t e l m e e r

Copyright: BITmap, Mannheim (nach einer Vorlage der Societé du Tour de France '99)

95

Prolog: **Samstag, 03. Juli 1999**
Le Puy du Fou – Einzelzeitfahren (8 Kilometer)

Tagesklassement   Zeit / Rückstand

1. _____ _____

2. _____ _____

3. _____ _____

Gesamtwertung – Gelbes Trikot   Zeit / Rückstand

1. _____ _____

2. _____ _____

3. _____ _____

Punktwertung – Grünes Trikot   Punktzahl

1. _____ _____

2. _____ _____

3. _____ _____

Bergwertung – weißes Trikot mit roten Punkten   Punktzahl

1. _____ _____

2. _____ _____

3. _____ _____

1. *Etappe:* Sonntag, 4. Juli 1999
Montaigu – Challans (209 Kilometer)

Tagesklassement	Zeit / Rückstand
1.	
2.	
3.	

Gesamtwertung – Gelbes Trikot	Zeit / Rückstand
1.	
2.	
3.	

Punktwertung – Grünes Trikot	Punktzahl
1.	
2.	
3.	

Bergwertung – weißes Trikot mit roten Punkten	Punktzahl
1.	
2.	
3.	

2. Etappe: Montag, 5. Juli 1999
Challans – Saint-Nazaire (202 Kilometer)

Tagesklassement | Zeit / Rückstand

1. _____ _____

2. _____ _____

3. _____ _____

Gesamtwertung – Gelbes Trikot | Zeit / Rückstand

1. _____ _____

2. _____ _____

3. _____ _____

Punktwertung – Grünes Trikot | Punktzahl

1. _____ _____

2. _____ _____

3. _____ _____

Bergwertung – weißes Trikot mit roten Punkten | Punktzahl

1. _____ _____

2. _____ _____

3. _____ _____

3. *Etappe:* **Dienstag, 6. Juli 1999**
Nantes – Laval (194 Kilometer)

Tagesklassement | Zeit / Rückstand

1. _____ _____

2. _____ _____

3. _____ _____

Gesamtwertung – Gelbes Trikot | Zeit / Rückstand

1. _____ _____

2. _____ _____

3. _____ _____

Punktwertung – Grünes Trikot | Punktzahl

1. _____ _____

2. _____ _____

3. _____ _____

Bergwertung – weißes Trikot mit roten Punkten | Punktzahl

1. _____ _____

2. _____ _____

3. _____ _____

4. *Etappe:* Mittwoch, 7. Juli 1999
Laval – Blois (191 Kilometer)

Tagesklassement   Zeit/Rückstand

1. _____   _____

2. _____   _____

3. _____   _____

Gesamtwertung – Gelbes Trikot   Zeit/Rückstand

1. _____   _____

2. _____   _____

3. _____   _____

Punktwertung – Grünes Trikot   Punktzahl

1. _____   _____

2. _____   _____

3. _____   _____

Bergwertung – weißes Trikot mit roten Punkten   Punktzahl

1. _____   _____

2. _____   _____

3. _____   _____

5. *Etappe:* Donnerstag, 8. Juli 1999
Bonneval – Amiens (228 Kilometer)

Tagesklassement · Zeit / Rückstand

1. _____ _____

2. _____ _____

3. _____ _____

Gesamtwertung – Gelbes Trikot · Zeit / Rückstand

1. _____ _____

2. _____ _____

3. _____ _____

Punktwertung – Grünes Trikot · Punktzahl

1. _____ _____

2. _____ _____

3. _____ _____

Bergwertung – weißes Trikot mit roten Punkten · Punktzahl

1. _____ _____

2. _____ _____

3. _____ _____

6. *Etappe:* Freitag, 9. Juli 1999
Amiens – Maubeuge (169 Kilometer)

Tagesklassement   Zeit / Rückstand

1. _____   _____

2. _____   _____

3. _____   _____

Gesamtwertung – Gelbes Trikot   Zeit / Rückstand

1. _____   _____

2. _____   _____

3. _____   _____

Punktwertung – Grünes Trikot   Punktzahl

1. _____   _____

2. _____   _____

3. _____   _____

Bergwertung – weißes Trikot mit roten Punkten   Punktzahl

1. _____   _____

2. _____   _____

3. _____   _____

7. Etappe: **Samstag, 10. Juli 1999**
Avesnes-sur-Helpe – Thionville (223 Kilometer)

Tagesklassement	Zeit / Rückstand
1.	
2.	
3.	

Gesamtwertung – Gelbes Trikot	Zeit / Rückstand
1.	
2.	
3.	

Punktwertung – Grünes Trikot	Punktzahl
1.	
2.	
3.	

Bergwertung – weißes Trikot mit roten Punkten	Punktzahl
1.	
2.	
3.	

8. *Etappe:* Sonntag, 11. Juli 1999
Metz – Metz (Einzelzeitfahren – 56 Kilometer)

	Tagesklassement	Zeit / Rückstand
1.		
2.		
3.		

	Gesamtwertung – Gelbes Trikot	Zeit / Rückstand
1.		
2.		
3.		

	Punktwertung – Grünes Trikot	Punktzahl
1.		
2.		
3.		

	Bergwertung – weißes Trikot mit roten Punkten	Punktzahl
1.		
2.		
3.		

Ruhetag (Montag, 12. Juli)

9. *Etappe:* Dienstag, 13. Juli 1999
Le Grand Bornand – Sestriere/Italien (215 Kilometer)

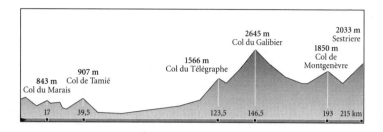

Die Tages-Höchstschwierigkeiten

Berg	Höhe	Länge des Anstiegs	durchschnittl. Steigung
Col du Marais	843 m	7,7 km	2,7 %
Col de Tamié	907 m	10,5 km	3,8 %
Col du Télégraphe	1566 m	11,7 km	6,8 %
Col du Galibier	2645 m	18,3 km	6,8 %
Col de Montgenèvre	1850 m	12,2 km	4,3 %
Sestriere	2030 m	11,2 km	5,8 %

Aus der Tour-Geschichte

Der 8. Juli 1996 sollte den Großangriff von Bjarne Riis und dem Team Telekom auf das Gelbe Trikot von Jewgeni Berzin bringen. Doch am Morgen der Schock: Wintereinbruch in den Alpen. Neuschnee mitten im Sommer machte die Alpenpässe Izoard und Galibier für das Feld unpassierbar. Die Königsetappe wurde von 190 Kilometern auf 46 Kilometer zusammengestrichen. Doch Riis ließ sich nicht entmutigen und attackierte direkt vom Start weg. Immer wieder überraschte er seine Konkurrenten auf den beiden noch verbliebenen Anstiegen Col de Montgenèvre und Sestriere mit seinen Angriffen. Im Ziel in Sestriere hatte er 24 Sekunden Vorsprung auf die erste Verfolgergruppe und konnte sich das Gelbe Trikot überstreifen, daß er dann bis Paris verteidigte.

Tagesklassement   Zeit / Rückstand

1.   _____   _____

2.   _____   _____

3.   _____   _____

Gesamtwertung – Gelbes Trikot   Zeit / Rückstand

1.   _____   _____

2.   _____   _____

3.   _____   _____

Punktwertung – Grünes Trikot   Punktzahl

1.   _____   _____

2.   _____   _____

3.   _____   _____

Bergwertung – weißes Trikot mit roten Punkten   Punktzahl

1.   _____   _____

2.   _____   _____

3.   _____   _____

10. *Etappe:* Mittwoch, 14. Juli 1999
Sestriere/Italien – L'Alpe d'Huez (218 Kilometer)

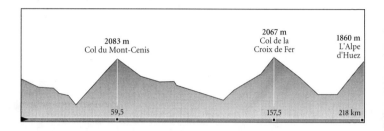

Die Tages-Höchstschwierigkeiten

Berg	Höhe	Länge des Anstiegs	durchschnittl. Steigung
Col du Mont-Cenis	2083 m	25,5 km	6,1 %
Col de la Croix de Fer	2067 m	31,5 km	4,7 %
L'Alpe d'Huez	1860 m	13,8 km	7,9 %

Aus der Tour-Geschichte

Anfang der 80er Jahre wurde die Radsportszene durch einen weiteren Farbtupfer bereichert – kolumbianische Bergspezialisten sorgten auf den Alpen- und Pyrenäenetappen mit ihrer aggressiven und unorthodoxen Fahrweise, die durch zahlreiche Attacken und ständige Rhythmuswechsel gekennzeichnet war, für viel Unruhe im Feld der Tour. Etappensiege blieben ihnen aber lange verwehrt, da sie ihre Kräfte meist etwas planlos verpulverten. 1984 dann nutzte der wohl bekannteste der Kolumbianer, Luis »Lucho« Herrera, den Zweikampf um den Gesamtsieg zwischen Laurent Fignon und Bernard Hinault aus und griff beim Anstieg nach L'Alpe d'Huez an. Herreras Siegesfahrt wurde von den kolumbianischen Radio- und Fernsehreportern so laut und enthusiastisch kommentiert, daß die benachbarten ausländischen Kollegen auf der Pressetribüne ihr eigenes Wort kaum noch verstehen konnten. An diesem Tag herrschte in Kolumbien Volksfeststimmung.

Tagesklassement | Zeit / Rückstand

1. _____ _____

2. _____ _____

3. _____ _____

Gesamtwertung – Gelbes Trikot | Zeit / Rückstand

1. _____ _____

2. _____ _____

3. _____ _____

Punktwertung – Grünes Trikot | Punktzahl

1. _____ _____

2. _____ _____

3. _____ _____

Bergwertung – weißes Trikot mit roten Punkten | Punktzahl

1. _____ _____

2. _____ _____

3. _____ _____

11. *Etappe:* Donnerstag, 15. Juli 1999
Le Bourg d'Oisans – Saint-Etienne (199 Kilometer)

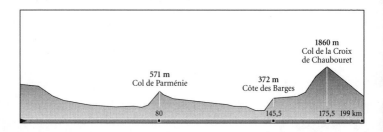

Die Tages-Höchstschwierigkeiten

Berg	Höhe	Länge des Anstiegs	durchschnittl. Steigung
Col de Parménie	571 m	7,6 km	4,4 %
Côte des Barges	372 m	2,7 km	5,3 %
Col de la Croix de Chaubouret	1200 m	14,5 km	3,1 %

Aus der Tour-Geschichte

In St. Etienne holte sich Louis (»Luison«) Bobet seinen zweiten Etappensieg bei der Tour 1953 und beseitigte damit alle Zweifel an seinem ersten Toursieg. In den Jahren 1954 und 1955 wiederholte er diese Leistung. Damit war er der erste Radrennfahrer, dem drei Toursiege in ununterbrochener Reihenfolge gelangen. Seine dominierende Rolle unterstrich Bobet außerdem mit seinem Weltmeistertitel 1954 auf dem Klingenring in Solingen. Bei der Regenschlacht auf dem schweren Kurs im Bergischen Land konnte ihn selbst ein Defekt in der letzten Runde des Rennens nicht von einem eindrucksvollen Sieg abhalten.

Tagesklassement   Zeit / Rückstand

1.   _____   _____

2.   _____   _____

3.   _____   _____

Gesamtwertung – Gelbes Trikot   Zeit / Rückstand

1.   _____   _____

2.   _____   _____

3.   _____   _____

Punktwertung – Grünes Trikot   Punktzahl

1.   _____   _____

2.   _____   _____

3.   _____   _____

Bergwertung – weißes Trikot mit roten Punkten   Punktzahl

1.   _____   _____

2.   _____   _____

3.   _____   _____

12. Etappe: Freitag, 16. Juli 1999
Saint-Galmier – Saint-Flour (197 Kilometer)

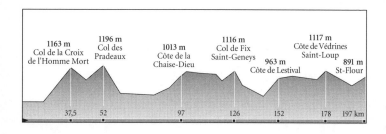

Die Tages-Höchstschwierigkeiten

Berg	Höhe	Länge des Anstiegs	durchschnittl. Steigung
Col de la Croix de l'Homme Mort	1163 m	14,5 km	5,1 %
Col des Pradeaux	1196 m	7,7 km	3,4 %
Côte de la Chaise-Dieu	1013 m	7,8 km	4,2 %
Col de Fix Saint-Geneys	1116 m	7,4 km	2,8 %
Côte de Lestival	963 m	7,7 km	5,2 %
Côte de Védrines Saint-Loup	1117 m	4,1 km	4,5 %

Aus der Tour-Geschichte

Auch die elfte Etappe der Tour de France 1971 führte durch das Massif Central, allerdings mit Zielankunft auf dem berüchtigten Vulkanberg Puy de Dôme. Mit 15 Sekunden distanzierte der Spanier Luis Ocaña den großen Eddy Merckx und brachte ihm eine schmerzliche Niederlage bei. Den angeschlagenen Merckx distanzierte Ocaña drei Tage später in den Alpen um mehr als acht Minuten und hatte den Toursieg praktisch schon in der Tasche. Doch dann stürzte er in den Pyrenäen auf regennasser Straße und mußte ins Krankenhaus eingeliefert werden. Merckx war geschockt von dieser Nachricht, besuchte den Kontrahenten im Krankenhaus und verzichtete zu Ehren Ocañas am nächsten Tag darauf, das Gelbe Trikot zu tragen.

Tagesklassement   Zeit / Rückstand

1. _____   _____

2. _____   _____

3. _____   _____

Gesamtwertung – Gelbes Trikot   Zeit / Rückstand

1. _____   _____

2. _____   _____

3. _____   _____

Punktwertung – Grünes Trikot   Punktzahl

1. _____   _____

2. _____   _____

3. _____   _____

Bergwertung – weißes Trikot mit roten Punkten   Punktzahl

1. _____   _____

2. _____   _____

3. _____   _____

13. *Etappe:* Samstag, 17. Juli 1999
Saint-Flour – Albi (237 Kilometer)

Tagesklassement — Zeit / Rückstand

1. _____ _____

2. _____ _____

3. _____ _____

Gesamtwertung – Gelbes Trikot — Zeit / Rückstand

1. _____ _____

2. _____ _____

3. _____ _____

Punktwertung – Grünes Trikot — Punktzahl

1. _____ _____

2. _____ _____

3. _____ _____

Bergwertung – weißes Trikot mit roten Punkten — Punktzahl

1. _____ _____

2. _____ _____

3. _____ _____

14. Etappe: Sonntag, 18. Juli 1999
Castres – Saint-Gaudens (189 Kilometer)

Tagesklassement   Zeit / Rückstand

1. _____ _____

2. _____ _____

3. _____ _____

Gesamtwertung – Gelbes Trikot   Zeit / Rückstand

1. _____ _____

2. _____ _____

3. _____ _____

Punktwertung – Grünes Trikot   Punktzahl

1. _____ _____

2. _____ _____

3. _____ _____

Bergwertung – weißes Trikot mit roten Punkten   Punktzahl

1. _____ _____

2. _____ _____

3. _____ _____

Ruhetag (Montag, 19. Juli)

15. *Etappe:* Dienstag, 20. Juli 1999
Saint-Gaudens – Piau-Engaly (174 Kilometer)

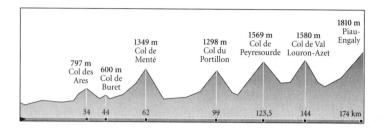

Die Tages-Höchstschwierigkeiten

Berg	Höhe	Länge des Anstiegs	durchschnittl. Steigung
Col des Ares	797 m	7,3 km	4,7 %
Col de Buret	600 m	3,5 km	3,2 %
Col de Menté	1349 m	11 km	6,5 %
Col du Portillon	1298 m	8,4 km	6,9 %
Col de Peyresourde	1569 m	13,1 km	7,1 %
Col de Val Louron-Azet	1580 m	7,5 km	8,4 %
Piau-Engaly	1810 m	11,5 km	6,3 %

Aus der Tour-Geschichte

In der Bergpreis-Siegerliste des Col de Peyresourde findet sich im Jahre 1924 auch der Name des Italieners Ottavio Bottechia. Den Toursieger der Jahre 1924 und 1925 ereilte bei seiner Vorbereitung auf die Tour 1927 ein tragisches Schicksal. Mit einer tödlichen Kopfverletzung wurde er in einem Straßengraben gefunden. Aufgeklärt wurde dieses Unglück erst über zwanzig Jahre später, als ein Weinbauer kurz vor seinem Tod gestand, Bottechia erschlagen zu haben. Der Grund: Bottechia hatte sich zur Erfrischung Trauben vom Weinberg des Bauern geholt.

Tagesklassement | Zeit / Rückstand

1. _____ _____

2. _____ _____

3. _____ _____

Gesamtwertung – Gelbes Trikot | Zeit / Rückstand

1. _____ _____

2. _____ _____

3. _____ _____

Punktwertung – Grünes Trikot | Punktzahl

1. _____ _____

2. _____ _____

3. _____ _____

Bergwertung – weißes Trikot mit roten Punkten | Punktzahl

1. _____ _____

2. _____ _____

3. _____ _____

16. Etappe: Mittwoch, 21. Juli 1999
Lannemezan – Pau (192 Kilometer)

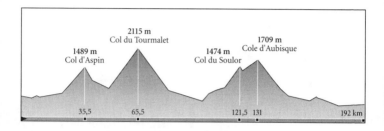

Die Tages-Höchstschwierigkeiten

Berg	Höhe	Länge des Anstiegs	durchschnittl. Steigung
Col d'Aspin	1489 m	12 km	6,6 %
Col du Tourmalet	2115 m	13,8 km	8,3 %
Col du Soulor	1474 m	18,5 km	5,2 %
Col d'Aubisque	1709 m	7,5 km	4,5 %

Aus der Tour-Geschichte

Pau war 1995 der Schauplatz einer der menschlichsten Gesten im sonst so harten Profiradsport. Tags zuvor war der Italiener Fabio Casartelli bei der Abfahrt des Col de Portet d'Aspet tödlich gestürzt. Zum Gedenken an das vierte Todesopfer in der Tourgeschichte legten die Fahrer die Kilometer dieser Bergetappe ohne jegliche Aktionen zurück, unterstützt von den vielen Fans an der Strecke und am Ziel in Pau. Kurz vor dem Zielstrich ließ man Casartellis Teamkollegen an die Spitze, die sie gemeinsam überfuhren.

Tagesklassement   Zeit / Rückstand

1. _____   _____

2. _____   _____

3. _____   _____

Gesamtwertung – Gelbes Trikot   Zeit / Rückstand

1. _____   _____

2. _____   _____

3. _____   _____

Punktwertung – Grünes Trikot   Punktzahl

1. _____   _____

2. _____   _____

3. _____   _____

Bergwertung – weißes Trikot mit roten Punkten   Punktzahl

1. _____   _____

2. _____   _____

3. _____   _____

17. Etappe: Donnerstag, 22. Juli 1999
Mourenx – Bordeaux (184 Kilometer)

Tagesklassement | Zeit/Rückstand

1. _____ _____

2. _____ _____

3. _____ _____

Gesamtwertung – Gelbes Trikot | Zeit/Rückstand

1. _____ _____

2. _____ _____

3. _____ _____

Punktwertung – Grünes Trikot | Punktzahl

1. _____ _____

2. _____ _____

3. _____ _____

Bergwertung – weißes Trikot mit roten Punkten | Punktzahl

1. _____ _____

2. _____ _____

3. _____ _____

18. Etappe: **Freitag, 23. Juli 1999**
Jonzac – Futuroscope (182 Kilometer)

Tagesklassement   Zeit / Rückstand

1. _____   _____

2. _____   _____

3. _____   _____

Gesamtwertung – Gelbes Trikot   Zeit / Rückstand

1. _____   _____

2. _____   _____

3. _____   _____

Punktwertung – Grünes Trikot   Punktzahl

1. _____   _____

2. _____   _____

3. _____   _____

Bergwertung – weißes Trikot mit roten Punkten   Punktzahl

1. _____   _____

2. _____   _____

3. _____   _____

19. Etappe: Samstag, 24. Juli 1999
Futuroscope – Futuroscope (Einzelzeitfahren – 54,5 Kilometer)

	Tagesklassement	Zeit / Rückstand
1.		
2.		
3.		

	Gesamtwertung – Gelbes Trikot	Zeit / Rückstand
1.		
2.		
3.		

	Punktwertung – Grünes Trikot	Punktzahl
1.		
2.		
3.		

	Bergwertung – weißes Trikot mit roten Punkten	Punktzahl
1.		
2.		
3.		

20. Etappe: Sonntag, 25. Juli 1999
Arpajon – Paris (160 Kilometer)

	Tagesklassement	Zeit / Rückstand
1.		
2.		
3.		

	Gesamtwertung – Gelbes Trikot	Zeit / Rückstand
1.		
2.		
3.		

	Punktwertung – Grünes Trikot	Punktzahl
1.		
2.		
3.		

	Bergwertung – weißes Trikot mit roten Punkten	Punktzahl
1.		
2.		
3.		

Das Reglement

Die Farben der Trikots

Das Gelbe Trikot (»Maillot Jaune«) und die Gesamtwertung

Am Gelben Trikot erkennt man schon auf große Entfernung den führenden Fahrer im Gesamtklassement der Tour de France, und keiner Mannschaft ist es erlaubt, ein Jersey zu tragen, das dem Gelben Trikot ähnelt. (Deshalb tauschte zum Beispiel die spanische O.N.C.E.-Mannschaft in den letzten Jahren ihr normalerweise gelbes Sponsoren-Trikot gegen ein pinkfarbenes.) Ins »Maillot-Jaune« darf jeweils der Fahrer schlüpfen, der für die bisher zurückgelegte Strecke die kürzeste Gesamtfahrtzeit verbuchen kann. Die Fahrzeit eines jeden Fahrers wird bei jeder Etappe gestoppt und dann zur bisherigen Gesamtfahrzeit addiert. (Bei Massenankünften werden alle Fahrer ab einem Kilometer vor dem Ziel mit der gleichen Zeit gewertet; damit soll ein riskanter Spurt wegen einiger Sekunden verhindert werden.) Bereits wenige Minuten nach dem Zieleinlauf erfolgt die Siegerehrung, bei der nicht nur der Etappensieger gekürt wird; hier erhalten auch die neuen oder alten Träger der verschiedenen Wertungs-Trikots die heißbegehrten Bekleidungsstücke. Für einen Sonderfall gibt es eine einfache Regel – liegt ein Fahrer in zwei verschiedenen Wertungen in Führung, z.B. Gelbes und Bergtrikot, so rangiert das Gelbe Trikot über allen andern Wertungen und muß immer (!) getragen werden. So darf hier z.B. der Zweitplazierte der Bergwertung das Führungszeichen dieser Wertung tragen.

Die Anstrengungen für eine Toursieg werden mit einem Preisgeld von 2,2 Millionen Francs versüßt. Der Zweite erhält 1,1 Millionen FF und der Dritte 600 000 FF. Pro Tag in »Gelb« werden 2 000 FF gezahlt. Die gesamten gewonnenen Geldprämien wandern in der Regel in die Mannschaftskasse.

Vom ersten bis zum letzten Tag an der Spitze (ab 1919: in Gelb)

1903	Maurice Garin (F)
1914	Philippe Thys (B)
1924	Ottavio Bottecchia (I)
1928	Nicolas Frantz (L)
1935	Romain Maes (B)

Die meisten Tage in Gelb

Eddy Merckx (B)	96 Tage
Bernard Hinault (F)	78 Tage
Miguel Indurain (E)	60 Tage
Jacques Anquetil (F)	51 Tage

Das weiße Trikot mit roten Punkten – das »Bergtrikot«

Obwohl schon im Jahre 1933 eingeführt, wurde erst im Jahre 1975 auch das optische Zeichen für den Führenden in der Bergwertung eingeführt. Dominiert wird der Kampf um diese prestigeträchtige Wertung und später um das Trikot meistens von den kleinen und leichtgewichtigen Bergspezialisten, die nur geringe Chancen auf den Gesamtsieg haben. Doch es gab auch Ausnahmen, wie die Toursiege von Frederico Bahamontes im Jahr 1959 und Lucien van Impe bei der Tour '76 zeigen. Die Bergwertung ist eine Punktwertung. Die Berge, die in die Streckenführung einer Tour eingebunden sind, werden in fünf verschiedene Kategorien eingeteilt. An die ersten Fahrer auf den Pässen der Berge werden Punkte vergeben, deren Höhe sich nach der Schwierigkeit der Steigung richtet. Die Anzahl der Fahrer, die an den Wertungsstellen punkten können, ist abhängig von der Bergkategorie. Der Fahrer mit der höchsten Gesamtpunktzahl erhält dann bei der Siegerehrung das Bergtrikot.

Die meisten Punkte erhalten die Fahrer bei den Bergen der »Hors Categorie«, der höchsten Kategorie. Zu diesen Bergen gehören z.B. L'Alpe d'Huez oder der Izoard. Sie befinden sich in der Regel im Hochgebirge der Alpen und Pyrenäen. Die Punkte-Staffelung reicht von 40 Punkten für den ersten an der Bergwertung über 35, 30, 26, 22, 18, 16, 14 und jeweils zwei Punkte weniger bis zum fünfzehnten Fahrer. Sie sind der Lohn für den oft stundenlangen »Kampf mit dem Berg«.

– Für Berge der 1. Kategorie erhalten die 12 ersten Fahrer auf der »Bergspitze« 30, 26, 22, 18, 14, 12, 10 und jeweils zwei Punkte weniger.
– Danach folgen die Berge der 2. Kategorie, bei der an zehn Fahrer Punkte, in der Staffelung 15, 12, 10, 8, 6, 4, 3, 2, 1 vergeben werden.
– In der 3. Kategorie können die ersten fünf Fahrer 10, 7, 5, 3 und 1 Punkte erringen.
– Die 4. Kategorie wartet mit 5, 3 und 1 Punkt für die ersten drei Fahrer auf.
– Der Gewinner des Bergpreises erhält in Paris 150 000 Francs.

Die Bergpreis-Sieger

1933	Vincente Trueba (E)	1970	Eddy Merckx (B)
1934	Réne Vietto (F)	1971	Lucien van Impe (B)
1935	Félicien Vervaecke (B)	1972	Lucien van Impe (B)
1936	Julien Berrendero (E)	1973	Pedro Torres (E)
1937	Félicien Vervaecke (B)	1974	Domingo Perurena (E)
1938	Gino Bartali (I)	1975	Lucien van Impe (B)
1939	Sylvère Maes (B)	1976	Giancarlo Bellini (I)
1947	Pierre Brambilla (I)	1977	Lucien van Impe (B)
1948	Gino Bartali (I)	1978	Marino Martinez
1949	Fausto Coppi (I)	1979	Giovanni Battaglin (I)
1950	Louis Bobet (F)	1980	Raymond Martin
1951	Raphael Geminiani (F)	1981	Lucien van Impe (B)
1952	Fausto Coppi (I)	1982	Bernard Vallet (F)
1953	Jesus Lerono (E)	1983	Lucien van Impe (B)
1954	Frederico Bahamontes (E)	1984	Robert Millar (GB)
1955	Charly Gaul (L)	1985	Luis Herrera (COL)
1956	Charly Gaul (L)	1986	Bernard Hinault (F)
1957	Gastone Nencini (I)	1987	Luis Herrera (COL)
1958	Frederico Bahamontes (E)	1988	Steven Rooks (NL)
1959	Frederico Bahamontes (E)	1989	Gert-Jan Theunisse (NL)
1960	Imerio Massignan (E)	1990	Thièry Claverolat (F)
1961	Imerio Massignan (E)	1991	Claudio Chiappucci (I)
1962	Frederico Bahamontes (E)	1992	Claudio Chiappucci (I)
1963	Frederico Bahamontes (E)	1993	Toni Rominger (CH)
1964	Frederico Bahamontes (E)	1994	Richard Virenque (F)
1965	Julio Jiménez (E)	1995	Richard Virenque (F)
1966	Julio Jiménez (E)	1996	Richard Virenque (F)
1967	Julio Jiménez (E)	1997	Richard Virenque (F)
1968	Aurello Gonzales (E)	1998	Christophe Rinero (F)
1969	Eddy Merckx (B)		

Das Grüne Trikot

Genauso wie die Bergwertung wird auch die Rangfolge um das Grüne Trikot der Etappenschnellsten durch ein Punktschema ermittelt. Der Fahrer mit der höchsten Punktzahl übernimmt bei der Siegerehrung das »Sprinter-Trikot«. So bezeichnet man in der Regel das Grüne Trikot, weil meistens Sprinter (siehe Erik Zabel) im Besitz dieses Jerseys sind.

Dieser Tatsache wird auch dadurch Rechnung getragen, daß es für Flachetappen, traditionell das Terrain der Sprinter, mehr Punkte zu erstreiten gibt als bei Bergetappen. Nach folgendem Punkteschema wird die Sprintwertung ermittel:

- Flachetappen: 35 Punkte für Platz eins und dann 30, 26, 24, 22, 20 und je einen Punkt weniger bis zu Platz 25.
- Flache bis bergige Tagesabschnitte: für die ersten 20 Plätze von 25 über 22, 20, 18, 16 und je einen Punkt weniger bis zu Platz 20.
- Bergetappen: 20, 17, 15, 13, 12, 10 und jeweils einem Punkt weniger bis zu Platz 15.
- Zeitfahretappen: 10er Punktestaffelung mit 15, 12, 10, 8, 6, 5, 4, 3, 2 und 1 Punkt.

Bei Zwischensprints während der Etappen, mit Ausnahme der 8. Etappe, werden zusätzlich Punkte an die ersten drei Fahrer vergeben, die sowohl für das Grüne Trikot als auch für eine separate Zwischensput-Wertung zählen.

Ein Etappensieg wird mit 50 000 FF bzw. 25 000 FF für einen Sieg beim Prolog belohnt. Der Fahrer, der im Grünen Trikot das Ziel in Paris überfährt, erhält 150 000 Francs an Preisgeld. Pro Tag im Grünen Trikot verdient sein Träger 2 000 französische Francs.

Rekordliste der Etappensieger

Eddy Merckx (B)	34
Bernard Hinault (F)	28
André Leducq (F)	25
André Darrigade (F)	22
Nicolas Frantz (L)	20

Die Gewinner des Grünen Trikots

1953	Fritz Schaer (CH)	1962	Rudi Altig (D)
1954	Ferdi Kuebler (CH)	1963	Rik van Looy (B)
1955	Stan Ockers (B)	1964	Jan Janssen (NL)
1956	Stan Ockers (B)	1965	Jan Janssen (NL)
1957	Jean Forestier (F)	1966	Willy Planckaert (B)
1958	Jean Graczyck (F)	1967	Jan Janssen (NL)
1959	André Darrigade (F)	1968	Franco Bitossi (I)
1960	Jean Graczyck (F)	1969	Eddy Merckx (B)
1961	André Darrigade (F)	1970	Walter Godefroot (B)

1971	Eddy Merckx (B)	1987	J.-P. van Poppel (NL)
1972	Eddy Merckx (B)	1988	Eddy Planckaert (B)
1973	Herman van Springel (B)	1989	Jean Kelly (IRL)
1974	Patric Sercu (B)	1990	Olaf Ludwig (D)
1975	Rik van Linden (B)	1991	Djamolidin Abdoujaparov (UZB)
1976	Freddy Maertens (B)		
1977	Jaques Esclassan (F)	1992	Laurent Jalabert (F)
1978	Freddy Maertens (B)	1993	Djamolidin Abdoujaparov (UZB)
1979	Bernard Hinault (F)		
1980	Rudy Pevenage (B)	1994	Djamolidin Abdoujaparov (UZB)
1981	Freddy Maertens (B)		
1982	Jean Kelly (IRL)	1995	Laurent Jalabert (F)
1983	Jean Kelly (IRL)	1996	Erik Zabel (D)
1984	Frank Hoste (B)	1997	Erik Zabel (D)
1985	Jean Kelly (IRL)	1998	Erik Zabel (D)
1986	Erik Vanderaerden (B)		

Sonstige Wertungen

Es gibt aber nicht nur die drei Wertungen mit den Spitzenreitertrikots, in denen es für die Fahrer und Mannschaften reichlich Geld zu verdienen gibt. Weiterhin werden noch prämiert:

Mannschaftswertung:	1. Platz	200 000 Francs
	2. Platz	160 000 Francs
	3. Platz	120 000 Francs
Bester Nachwuchsfahrer:	1. Platz	100 000 Francs
	2. Platz	60 000 Francs
	3. Platz	40 000 Francs
Aktivster Fahrer:	1. Platz	50 000 Francs
	2. Platz	30 000 Francs
	3. Platz	20 000 Francs

Etappenarten und Mannschaftstaktik

Die Flachetappen

Bei diesen Etappen haben die Fahrer maximal Berge der 3. oder 4. Kategorie zu überwinden, meist steht ihnen aber kein nennenswertes Hindernis im Weg. Das ermöglicht den Teams mit guten Sprintern, die in der Regel nicht so gut die Berge hinaufkommen, sehr gute Siegchancen. Dazu halten sie dann auf den letzten ca. 30 Kilometern das Tempo so hoch, daß entweder eine bestehende Ausreißergruppe eingeholt wird oder Attacken anderer Teams fast unmöglich sind. Auf dem letzten Kilometer versuchen sie dann ihren Sprinter so in Position zu bringen, daß dieser den Etappensieg erringen kann. Hat ein Team keinen Sprinter in seinen Reihen, sucht es den Tageserfolg in Ausreißergruppen oder als Solisten. Der beste Augenblick zur Attacke ergibt sich oftmals dann, wenn eine Ausreißergruppe eingeholt wird.

Die Bergetappen

Im Streckenprofil dieser Etappen sind hauptsächlich Berge der drei höchsten Bergkategorien zu finden. In diesem Terrain sind dann die leichtgewichtigen Bergspezialisten in ihrem Element. Durch ständige Attacken versuchen sie, das Feld zu sprengen, den Etappensieg einzufahren oder wenigstens an den Wertungsstellen Punkte für den Bergpreis zu sammeln. Die Fahrer mit dem Ziel, im Gesamtklassement ganz vorne zu landen, scharen bei diesen Etappen die Fahrer ihres Teams um sich, deren Stärke in den Bergen liegt. Die Aufgabe dieser Fahrer besteht dann darin, das Tempo den Fähigkeiten ihres Kapitäns anzupassen und diesen ohne großen Zeitverlust über die Berge zu bringen.

Das Zeitfahren

Diese Teildisziplin wird auch »Rennen der Wahrheit« genannt. Hier ist jeder Fahrer auf sich allein gestellt und fährt ohne den Windschatten seines Teams. Taktik spielt hier höchstens bei der Materialwahl eine Rolle. Moralische Unterstützung erhält der Fahrer nur von den Zuschauern am Straßenrand oder durch den Mannschaftswagen, der die Fahrer immer wieder über Megaphon anfeuert. Man unterscheidet drei verschiedene Arten von Zeitfahren. Kurze Zeitfahren am Anfang einer Rundfahrt werden Prolog genannt. Sie führen über maximal 10 Kilometer und dienen der Ermittlung des ersten Gelben-Trikot-Trägers. Bei Prologen kann die Teamführung neben der Wahl des Materials noch ein anderes taktisches Mittel anwenden. Während bei den normalen Zeitfahren der Tour de France in umgekehrter Reihenfolge des Gesamtklassements gestartet wird (der letzte Fahrer startet zuerst, der führende zuletzt), kann der Startplatz im Prolog frei gewählt werden. Bei der Tour 1997 waren für die üblicherweise spät startende Gruppe der Favoriten Regen und Wind vorausgesagt. Beim Team Telekom entschied man sich, Jan Ullrich als einen der ersten Fahrer ins Rennen zu schicken – mit Erfolg. Er legte eine gute Zeit vor und konnte nur noch vom Briten Chris Boardman unterboten werden. In der Regel starten aber auch beim Prolog die Spitzenfahrer zum Schluß, da sie dann über die aktuelle Streckensituation informiert sind.

Bei Zeitfahren mit flacher Streckenführung spielt die Wahl des Materials die entscheidende Rolle. Der Einsatz aerodynamisch geformter Rahmen, Speichen- oder Scheibenräder und die Entscheidung für oder gegen einen aerodynamischen Helm wollen wohlüberlegt sein.

Gleiches gilt im Prinzip auch für die Bergzeitfahren, mit etwas Mut zum Risiko kann man aber auch hier die Konkurrenz verblüffen – das Bergzeitfahren auf der 12. Etappe der Tour de France 1997 war unterteilt in einen schweren ersten Teil mit steilem Anstieg und einem fast flachen zweiten Abschnitt. Für den Anstieg wählte Jan Ullrich das »normale« Rennrad wegen der besseren Kraftübertragung und für die Fläche sein Aero-Rad, das eine bessere Aerodynamik garantiert. So düpierte er seine Konkurrenz und siegte mit über drei Minuten vor dem Franzosen Richard Virenque.

Die Zeitabstände zwischen den startenden Fahrern betragen am Anfang zwei, bei den Spitzenleuten drei Minuten.

Vorschriften und Strafen

Die Einschreibung

»Lästige« Pflicht für jeden Fahrer ist die sogenannte Einschreibkontrolle. Mit seiner Unterschrift in die Startliste meldet sich jeder Fahrer zur Etappe an. Erscheint ein Fahrer nicht zur Einschreibung, wird er mit einem Bußgeld von 100 Schweizer Franken belegt. Ort der Einschreibung ist bei der Tour in der Regel ein Podium auf einem großen Platz, der vielen Fans einen Blick auf die Fahrer ermöglicht. Während die Fahrer sich in die Startliste eintragen, werden sie vom offiziellen Tour-Moderator Daniel Mangeas noch kurz interviewt. Ihre körperliche Verfassung, die Geschehnisse des Vortages oder auch andere Themen stehen auf der Liste der Tour-de-France-Stimme. Mangeas bekleidet diese Position seit 25 Jahren und führt seine Interviews ohne Spickzettel. Alle Daten und Fakten sind nur an einem Ort gespeichert – in seinem Gehirn.

Das Zeitlimit

Hinter dieser Formulierung versteckt sich der Rückstand, mit dem ein Fahrer die Etappe beenden kann, ohne aus dem Rennen genommen zu werden, d.h. am nächsten Tag nicht mehr starten zu dürfen. Wie viele Minuten das Zeitlimit umfaßt, entscheidet die Tour-Jury bei jeder Etappe aufs neue. Als Richtwert können die Fahrer immer mit etwa 12 % der Siegerzeit rechnen. Diese Vorausrechnung spielt besonders in den Bergetappen eine wichtige Rolle, wenn sich schwächere Bergfahrer frühzeitig in sogenannnten »Autobussen« zusammenschließen. Gemeinsam kämpfen sie dann gegen das Zeitlimit und den »Besenwagen«, der das Ende des Rennens symbolisiert. Bisweilen wurden aber auch schon größere Gruppen von 20 bis 30 Fahrern Opfer dieser Taktik, weil ihr »Bus« das Zeitlimit überschritt und sie allesamt aus dem Rennen genommen werden mußten.

Verpflegungskontrollen

So bezeichnet man die festgelegten und markierten Abschnitte auf einer Etappe, an denen die Fahrer von den Betreuern ihren Verpflegungsbeutel angereicht bekommen. Der Inhalt setzt sich aus leichtverdaulicher und kohlehydratreicher Kost zusammen. Allerdings können sich die Fahrer auch am Mannschaftswagen verpflegen. Das geschieht meistens durch den Austausch der Trinkflaschen, ab zehn Kilometer vor dem Ziel jedoch ist jegliche Nahrungsversorgung durch die Betreuer verboten. Erleidet ein Fahrer innerhalb dieser Strecken einen »Hungerast« und hat selbst keinen Proviant mehr, ist er auf die guten Geister am Straßenrand angewiesen. Der Italiener Gino Bartali konnte seinen Schwächeanfall am Col d'Izoard im Jahre 1949 nur überstehen, weil ihm ein Zuschauer drei Bananen reichte. Beinahe hätte sich sein Leichtsinn, bei der letzten Verpflegungskontrolle auf seinen Proviantbeutel zu verzichten, also bitter gerächt. Sein späterer Toursieg hing hier an einem seidenen Faden.

Verhalten im Rennen

Für fast jede Rennsituation gibt es eine passende Regel und somit auch einen entsprechenden Strafenkatalog. Neben dem Windschattenfahren hinter dem Begleitfahrzeug wird am häufigsten Fehlverhaltern bei Sprintentscheidungen bestraft. Hier besagt das Reglement, daß die Fahrer die Fahrlinie einzuhalten haben. Zickzackfahren ist also verboten. Wird ein Fahrer dieses Regelverstoßes überführt, verliert er seinen Etappenplatz und wird auf den letzten Platz der Gruppe gesetzt, mit der er ins Ziel kam – er wird »distanziert«. Die Strafe für Windschattenfahren wird in Form einer Zeitstrafe verfügt. Manchmal wird aber auch die Experimentierfreudigkeit der Fahrer bestraft. Der Italiener René Vietto kämpfte 1947 um den Tour-de-France-Sieg. Beim abschließenden Einzelzeitfahren trug er ein Seidentrikot anstelle des regulären Wolltrikots. Der Einsatz von Seidentrikots war damals jedoch laut Reglement verboten, so daß er eine Zeitstrafe von 10 Sekunden erhielt.

F) Die WM und wichtige Rundfahrten, Eintagesrennen und Klassiker nach der Tour

21.–25.07. Hofbräu-Cup Stuttgart (Deutschland) – Etappenrennen

	Name	Team	Zeit/Rückstand
1.			
2.			
3.			

26.07.–01.08. Int. Sachsen-Tour (Deutschland) – Etappenrennen

	Name	Team	Zeit/Rückstand
1.			
2.			
3.			

31.07. Grand Prix Breitling Karlsruhe (Deutschland)

	Name	Team	Zeit/Rückstand
1.			
2.			
3.			

01.08. LUK-Cup Bühl (Deutschland)

	Name	Team	Zeit/Rückstand
1.			
2.			
3.			

04.–08.08. Regio Tour (Deutschland) – Etappenrennen

	Name	Team	Zeit/Rückstand
1.			
2.			
3.			

07.08. Clasica San Sebastian (Spanien) – Weltcup

	Name	Team	Zeit/Rückstand
1.			
2.			
3.			

15.08. HEW-Cyclassics Cup Hamburg (Deutschland) – Weltcup

	Name	Team	Zeit/Rückstand
1.			
2.			
3.			

22.08.   Grand Prix Suisse (Schweiz) – Weltcup

	Name	Team	Zeit/Rückstand
1.			
2.			
3.			

04.09.   Rund um Berlin (Deutschland)

	Name	Team	Zeit/Rückstand
1.			
2.			
3.			

04.–27.09   **Vuelta a España – Spanien-Rundfahrt
über 3444 Kilometer**

Prolog (04.09.)   Murcia – Einzelzeitfahren   6 Kilometer

	Name	Team	Zeit/Rückstand
1.			
2.			
3.			

1. Etappe (05.09.)   Murcia – Benidorm   175 Kilometer

	Name	Team	Zeit/Rückstand
1.			
2.			
3.			

2. Etappe (06.09.)   Alicante – Albacete   180 Kilometer

	Name	Team	Zeit/Rückstand
1.			
2.			
3.			

3. Etappe (07.09.)   La Roda – Fuenlabrada   210 Kilometer

	Name	Team	Zeit/Rückstand
1.			
2.			
3.			

4. Etappe (08.09.)   Las Rozas – Salamanca   196 Kilometer

	Name	Team	Zeit/Rückstand
1.			
2.			
3.			

5. Etappe (09.09.)   Bejar – Ciudad Rodrigo   154 Kilometer

	Name	Team	Zeit/Rückstand
1.			
2.			
3.			

6. Etappe (10.09.)   Salamanca (Einzelzeitfahren)   51 Kilometer

	Name	Team	Zeit/Rückstand
1.			
2.			
3.			

7. Etappe (11.09.) Salamanca – Léon 205 Kilometer

	Name	Team	Zeit/Rückstand
1.			
2.			
3.			

8. Etappe (12.09.) Léon – Alto de Angliru (La Gamonal) 176 Kilometer

	Name	Team	Zeit/Rückstand
1.			
2.			
3.			

9. Etappe (13.09.) Gijon – Corrales de Buelna 180 Kilometer

	Name	Team	Zeit/Rückstand
1.			
2.			
3.			

Ruhetag (14.09.)

10. Etappe (15.09.) Zaragoza – Zaragoza 160 Kilometer

	Name	Team	Zeit/Rückstand
1.			
2.			
3.			

11. Etappe (16.09.)   Huesca – Pla de Beret   200 Kilometer

	Name	Team	Zeit/Rückstand
1.			
2.			
3.			

12. Etappe (17.09.)   Sorp – Arcalis (Andorra)   146 Kilometer

	Name	Team	Zeit/Rückstand
1.			
2.			
3.			

13. Etappe (18.09.)   Andorra – Rasos de Peguera   139 Kilometer

	Name	Team	Zeit/Rückstand
1.			
2.			
3.			

14. Etappe (19.09.)   Barcelona – Barcelona   144 Kilometer

	Name	Team	Zeit/Rückstand
1.			
2.			
3.			

15. Etappe (20.09.)	La Senia – Valencia		180 Kilometer
	Name	Team	Zeit/Rückstand
1.			
2.			
3.			

16. Etappe (21.09.)	Valencia – Teruel		190 Kilometer
	Name	Team	Zeit/Rückstand
1.			
2.			
3.			

17. Etappe (22.09.)	Los Ronchales – Gaudalajara		190 Kilometer
	Name	Team	Zeit/Rückstand
1.			
2.			
3.			

18. Etappe (23.09.)	Guadalajara – Alto de Abantos		166 Kilometer
	Name	Team	Zeit/Rückstand
1.			
2.			
3.			

19. Etappe (24.09.)   El Escorial – Avila   190 Kilometer

	Name	Team	Zeit/Rückstand
1.			
2.			
3.			

20. Etappe (25.09.)   El Tiemblo – Avila (Einzelzeitfahren)   46 Kilometer

	Name	Team	Zeit/Rückstand
1.			
2.			
3.			

21. Etappe (26.09.)   Madrid – Madrid   160 Kilometer

	Name	Team	Zeit/Rückstand
1.			
2.			
3.			

Gesamtwertung (Endstand) der Vuelta 1999

	Name	Team	Zeit/Rückstand
1.			
2.			
3.			

11.09. Paris – Brüssel (Frankreich/Belgien) – Etappenrennen

	Name	Team	Zeit/Rückstand
1.	_____	_____	_____
2.	_____	_____	_____
3.	_____	_____	_____

14.–18.09. Rheinland-Pfalz-Rundfahrt (Deutschland) – Etappenrennen

	Name	Team	Zeit/Rückstand
1.	_____	_____	_____
2.	_____	_____	_____
3.	_____	_____	_____

29.09–03.10. Int. Hessen-Rundfahrt (Deutschland) – Etappenrennen

	Name	Team	Zeit/Rückstand
1.	_____	_____	_____
2.	_____	_____	_____
3.	_____	_____	_____

03.10. Paris – Tours (Frankreich) – Weltcup

	Name	Team	Zeit/Rückstand
1.	_____	_____	_____
2.	_____	_____	_____
3.	_____	_____	_____

10.10. Verona (Italien) – Weltmeisterschaft

	Name	Team	Zeit/Rückstand
1.			
2.			
3.			

13.10. Mailand – Turin (Italien)

	Name	Team	Zeit/Rückstand
1.			
2.			
3.			

14.10. Lombardei-Rundfahrt (Italien) – Weltcup — Klassiker

	Name	Team	Zeit/Rückstand
1.			
2.			
3.			

Anhang

Radsport in Deutschland – Leistungsklassen, Adressen der Verbände etc.

Straßen-Rennsport

Die Teilnahme an Radrennen in Deutschland ist nur denjenigen gestattet, die Mitglied eines im Bund Deutscher Radfahrer organisierten Vereins sind und eine Lizenz gelöst haben. Zur Nachwuchsförderung veranstalten viele Vereine im Rahmen dieser offiziellen Radrennen auch die sog. 1. Schritt-Rennen. Dabei geben die Organisatoren Jugendlichen die Möglichkeit, auf einem abgesperrten Rundkurs erstmals Radrennluft zu schnuppern. Hier können Mädchen und Jungen noch gegeneinander fahren, bei offiziellen Rennen starten sie dann getrennt.

Der jährliche Vereins- und BDR-Beitrag liegt je nach Verein und Alter bei ca. 100,– DM bis ca. 200,– DM. Bei Radrennen verlangen die Veranstalter pro Rennen zwischen 5,– DM und 20,– DM Startgeld.

In Deutschland gelten die folgenden Altersklassen, die bei Männern und Frauen bis zum 18. Lebensjahr gleich sind:

U11	9–10 Jahre
U13	11–12 Jahre
Schüler/innen	13–14 Jahre
Jugend männlich/weiblich	15–16 Jahre
Junioren/innen	17–18 Jahre

Männer:

U 23	19–22 Jahre
Elite	23–29 Jahre
Senioren	ab 30 Jahre

Frauen:

Elite	19–30 Jahre
Seniorinnen	ab 31 Jahre

Breitensport

Breitensportlern bieten sich bei Wander-, Volksrad- oder Rad-Touren-Fahrten, den sogenannten RTF-Veranstaltungen, ein breites Betätigungsfeld. Diese Veranstaltungen werden in der Regel ebenfalls von Radsportvereinen durchgeführt, eine Vereinsmitgliedschaft ist hier zur Teilnahme allerdings nicht unbedingt erforderlich. Auf ausgeschilderten Strecken, die zwischen 20 und 150 Kilometer lang sind, geht es meist am Wochenende durch die verschiedensten Gegenden in ganz Deutschland. In der Startgebühr, deren Höhe je nach Veranstalter und Auszeichnung variiert, ist in der Regel auch die Verpflegung mit Getränken und kleinen Snacks enthalten. Weitere Informationen zum Radsport und über den nächstgelegenen Radsportverein ihres Wohnortes erhalten Sie über die unten aufgeführten Adressen.

Adressen der Verbände

Bund Deutscher Radfahrer e.V. (BDR)
Otto-Fleck-Schneise 4
60258 Frankfurt/Main
Telefon: 0 69 / 67 80 00
Telefax: 0 69 / 96 78 00 80

Badischer Radsportverband e.V.
Jahnstraße 98
68794 Oberhausen-Rheinhaus
Telefon: 0 72 54 / 7 34 76
Telefax: 0 72 54 / 7 12 04

Badischer Rad- und Motorfahrerverband e.V.
Basler Landstraße 15
79115 Freiburg/Breisgau
Telefon: 07 61 / 47 11 40
Telefax: 07 61 / 47 11 06

Bayerischer Radsportverband e.V.
Postfach 50 01 20
80971 München
Telefon: 0 89 / 15 70 23 71
Telefax: 0 89 / 1 57 45 61

Berliner Radsport Verband e.V.
Priesterweg 3
10829 Berlin
Telefon: 0 30 / 7 81 17 22
Telefax: 0 30 / 7 88 11 24

Brandenburgischer Radsportverband e.V.
Spremberger Straße 125
03149 Forst
Telefon: 0 35 62 / 98 40 69
Telefax: 0 35 62 / 98 40 21

Bremer Radsport Verband e.V.
Wilhelm-Wolters-Straße 152
28309 Bremen
Telefon: 04 21 / 46 40 25
Telefax: 04 21 / 45 56 71

Radsportverband Hamburg e.V.
Brummerskamp 48
22457 Hamburg
Telefon und Telefax: 0 40 / 5 50 96 80

Hessischer Radfahrerverband e.V.
Otto-Fleck-Schneise 4
60258 Frankfurt/Main
Telefon: 0 69 / 6 78 92 19
Telefax: 0 69 / 6 78 92 22

Radsportverband Mecklenburg-Vorpom-mern e.V.
Wittenburger Straße 116
19059 Schwerin
Telefon und Telefax: 03 85 / 73 42 83

Radsportverband Niedersachsen e.V.
Maschstraße 20
30169 Hannover
Telefon: 05 11 / 88 75 28
Telefax: 05 11 / 80 46 86

Radsportverband Nordrhein-Westfalen e.V.
Grüner Weg 3
45884 Gelsenkirchen
Telefon: 02 09 / 1 28 51
Telefax: 02 09 / 1 28 52

Radsportverband Rheinland e.V.
Weiherstraße 18
67063 Ludwigshafen
Telefon: 06 21 / 69 32 71
Telefax: 06 21 / 69 28 99

Saarländischer Radfahrerbund e.V.
Landessportverband für das Saarland
Saaruferstraße 18
66117 Saarbrücken
Telefon: 06 81 / 3 87 92 37
Telefax: 06 81 / 3 87 92 36

Sächsischer Radfahrerbund e.V.
Windorfer Straße 63
04229 Leipzig
Telefon und Telefax: 03 41 / 4 24 46 56

Landessportverband Radsport Sachsen-Anhalt e.V.
Thietmarstraße 18
39128 Magdeburg
Telefon: 03 91 / 2 56 01 22
Telefax: 03 91 / 2 56 01 32

Radsportverband Schleswig-Holstein e.V.
Seefeld 2 b
23843 Bad Oldesloe
Telefon und Telefax: 0 45 31 / 58 85

Thüringer Radsport-Verband e.V.
Arnstädter Hohle 1
99096 Erfurt
Telefon und Telefax: 03 61 / 3 73 50 89

Württembergischer Radsportverband e.V.
Mercedesstraße 83
70372 Stuttgart
Telefon: 07 11 / 9 54 69 70
Telefax: 07 11 / 9 54 69 77

Glossar – Begriffe rund um die Tour de France und den Radsport

Achter – Radfahrerjargon für einen Seitenschlag im Laufrad

Aero-/Tria-/Zeitfahr-Lenker – Lenker oder Lenkeraufsatz, der dem Fahrer eine aerodynamisch günstige Position ermöglicht

Aero-Rahmen – Zeitfahrrahmen, die Rohre sind oft flach oder tropfenförmig

Allrounder – Fahrer, der sowohl im Flachen, in den Bergen, im Sprint und im Zeitfahren mit den Spezialisten mithalten kann

BDR – Bund Deutscher Radfahrer

Belgischer Kreisel – bestimmte Art des Führungswechsels, bei dem der Fahrer, der gerade in die Führungsposition gekommen ist, sofort wieder ausschert, sich zurückfallen läßt und hinten wieder einreiht

Bergziege/Bergfloh – anderer Ausdruck für die Bergspezialisten

Besenwagen – Begleitfahrzeug am Ende des Feldes

Biker – englischer Ausdruck für einen Radfahrer, in der Regel sind damit allerdings Mountain Biker gemeint

Bolzer – Fahrer, der lange Zeit einen hohen Gang fahren kann

Coureur – franz. Ausdruck für Radrennfahrer

Disqualifikation – totaler Ausschluß aus dem Rennen

Distanzierung – Zurücksetzung auf den letzten Platz der Gruppe oder des Feldes

Eierschale – Umgangssprache für den Zeitfahrhelm

Hinterradakrobat – Fahrer, der keine Führungsarbeit leistet und nur im Windschatten fährt, also »am Hinterrad hängt«

Kapitän – Spitzenfahrer eines Radrennteams

Kirmesrennen – abwertende Bezeichnung für Rundstreckenrennen

Kriterium – Rundstreckenrennen mit Punktewertung

MTB – Abkürzung für Mountain Bike

Piste – Kurzbezeichnung für eine Radrennbahn

Prolog – kurzes Zeitfahren bei einer Rundfahrt zur Ermittlung des ersten Trägers des Leader-Trikots (bei der Tour de France: des Gelben Trikots)

Sturzring – Sturzkappe aus Leder, bietet im Gegensatz zum Helm nur bedingten Schutz

UCI – Union Cycliste International, der Internationale Radsportverband mit Sitz in Lausanne, Schweiz

Verzeichnis der Tabellen und Statistiken

Bernd Müllender

Fußballfrei in 11 Spieltagen

Eine Entziehungskur für Süchtige

Band 13965

Fußballgucken macht keinen Spaß mehr: Dümmliche Kommerz-Shows mit eitlen Moderatoren-Fatzkes stehlen einem zwei Stunden des Samstags und erheben jedes 0:0 zum *event*, schwadronierende Kommentatoren mit erigiertem Nationalbewußtsein verleiden uns jedes Länderspiel, und in Zukunft sollen wir für jede Partie auch noch extra bezahlen. Man tut sich jedes Erstrundenspiel des UEFA-Cups live an, auch wenn es um 14 Uhr 40 übertragen und mit hoher Wahrscheinlichkeit langweilig und grottenschlecht sein wird. Das Buch bietet Rat und Hilfe, und zwar nicht nur für die suchtkranken Fans selbst, sondern genauso für ihre geplagten Angehörigen. Ein Buch für Fußballsüchtige – und für ihre Freundinnen, Ehefrauen und Angehörigen. Das schenkt die Familie ihrem Papi – damit alle irgendwann wieder sagen können: »Samstags gehört Papi mir!«

Fischer Taschenbuch Verlag

Thomas Blees
90 Minuten Klassenkampf
Das Länderspiel BRD-DDR 1974

Band 14286

Jürgen Sparwasser und die 78. Minute. Ob man sich für Fußball interessiert oder nicht: Wer die Weltmeisterschaft 1974 erlebt hat, kennt den Schützen des Siegtors für die DDR-Mannschaft im einzigen Länderspiel, das die beiden deutschen Staaten je gegen einander austrugen.

25 Jahre danach reden die Zeitzeugen von damals. Das Buch erinnert in unterhaltsamer Weise an das Spiel, an die Ereignisse im Vorfeld und die Reaktionen danach. Ein Stück Zeitgeschichte aus der umkämpftesten Phase der Entspannungspolitik – und ein Stück Fußballgeschichte. Denn Sparwasser, Dörner und Co. waren damals echt gut: Sie haben den späteren Weltmeister besiegt. Davon zehrt der Osten noch heute – und der Westen knabbert noch dran.

Fischer Taschenbuch Verlag

Thomas Kistner / Jens Weinreich

Das Milliardenspiel

Fußball, Geld und Medien

Band 13810

Der Fußball, einst ein populärer und bodenständiger Volkssport, wird immer hemmungsloser kommerzialisiert: Die ewig hungrigen Medien, die werbende Wirtschaft und profilierungssüchtige Politiker und Trittbrettfahrer haben erkannt, welches Potential in der massenhaften Begeisterung für das Gekicke steckt. Da fügt es sich günstig, daß sie es beim Welt-Fußballverband FIFA seit mehr als 20 Jahren mit einer Riege machtgieriger, korrupter und diktatorisch regierender Funktionäre zu tun haben. Denen geht es längst nicht mehr um Sport, sondern um persönliches Ansehen, um Einfluß und Geld – wofür mehr und mehr Leichen in den Keller wandern mußten. Die Zustände im brasilianischen Fußball – gekaufte Spiele, bestochene Schiedsrichter und Gewalt in den Stadien – könnten durchaus ein Omen sein für das, was der Havelange-Clan aus dem Weltfußball gemacht hat.

Ein Recherchethriller über die Foulspiele hinter den Kulissen des Weltfußballs, der zeigt: Gegen das, was die Drahtzieher treiben, ist eine Blutgrätsche ein harmloses Vergehen.

Fischer Taschenbuch Verlag

Christian Ankowitsch
Briefe aus dem Bergwerk der ZEIT – 1-30

Geschichten, die ich nie erleben wollte und dann doch toll fand –
über Gürteltiere, Männer im Keller,
nackte Nonnen online, ein blaues Sofa, Chefs, sowie
schätzungsweise 3127 weitere abgeschwiffene (neue Rechtschreibung,
vollkommen illegal) Gedanken im Grenzbereich zwischen
Hysterie und Radio Dubai oder so

Band 14095

Kennen Sie den Herrn Radtke aus der Erdgeschoßwohnung, der auf seinem Sofa geboren wurde und dort auch verbleichen wird? Und Klemens P., der seit drei Monaten in Christian A.'s Keller sitzt und in Papieren kramt? Und die dümmsten Namen von Frisiersalons? Nicht? Dann ist es höchste Zeit für einen Ausflug! Der österreichische ›Zeit‹-Autor Christian Ankowitsch erfreut seit Sommer 1996 eine stetig wachsende Gemeinde von Fans mit seinen ›Briefen aus dem Bergwerk‹. Allwöchentlich steigt er hinunter in die Stollen, die der Alltag bohrt, und schürft dort Tiefsinniges und Irrsinniges. Gedruckt sind diese Briefe bisher allerdings nirgends – sie erscheinen bisher nur auf dem elektronischen »Newsletter« der ›Zeit‹. Wir drucken, wie es der Computer will: groteske Zeilenumbrüche, wechselnde Schriftgrößen, alle Tippfehler, dafür kein »ß« und keine Umlaute. Köstliche Klatschkolumnen mit Computerschlagseite. Ist Kult.

Fischer Taschenbuch Verlag

fi 2123 / 2

Christian Ankowitsch

Weitere Briefe aus dem Bergwerk der ZEIT

Band 14128

Es spricht für die gelassene Meisterschaft des Autors, daß man diesen zweiten Band so lesen kann, als habe es nie einen ersten gegeben. Hat man ihn dann gelesen, wird es einen nach mehr gelüsten - und man muß nicht erst lange auf den dritten Band warten, sondern kann erfreut zum ersten greifen. Die Edition der bisher nur im Newsletter der ZEIT erschienenen und daher ohne Umlaute und ß-zetts zur Welt gekommenen Briefe fortzusetzen hat der Verlag sich nach kürzerem Ringen spontan entschlossen, obwohl der in vielerlei Hinsicht bemerkenswerte Erfolg des Auftaktbandes noch gar nicht absehbar war. In diesem Band geht es neben anderem endlich um das Gürteltier sowie um kalten Cappuccino aus Zweiterigläsern, das Uernchen mit Tante Agathe drin, portugiesische Zugluft-/Käferhunde, Tretautos und Freddy Quinn.

Fischer Taschenbuch Verlag

fi 485 / 10

Ulli Engelbrecht / Jürgen Boebers

Licht aus – Spot an!

Musik der 70er Jahre

Band 13806

Die 70er – das sind Plateausohlen, Clearasil gegen Pickel, Indienkleider und Knautschlack-Jacken, Hosen mit Schlag, Boots und Parka, Smile-Buttons und »Atomkraft-Nein-Danke«-Aufkleber. Die 70er – das sind Olympiade in München und Deutscher Herbst, Sonntagsfahrverbot und Ford Capri, Ottifanten und Enterprise in Farbe. Die 70er – das sind Suzi Quatro und Gary Glitter, Slade und David Bowie, Dieter Thomas Heck und Ilja Richters »disco«: Licht aus – Spot an!
Die Autoren haben tief in die Erinnerungskiste gegriffen und erzählen hier in zahlreichen Bildern und nostalgischen Erinnerungen von der Musik dieser Zeit und dem Lebensgefühl, den Träumen und Wünschen derer, die sie hörten.

»Ein Fanbuch für alle, die ihre **BRAVO** nicht gesammelt haben«.
Magnus

Fischer Taschenbuch Verlag

Bernd Müllender / Achim Nöllenheidt (Hg.)

Am Fuß der blauen Berge

Die Flimmerkiste in den 60er Jahren

Band 13805

Fernsehen in den Sechzigern: Erinnerungen an Lebenshilfe von
Adalbert Dickhut, Bergsteigen mit Luis Trenker, Lachen über
Heidi Kabels Ohnesorg-Theater und Heinz Schenks Blauen
Bock, die treuen Gefährten Fury, Lassie, Rin-Tin-Tin und Flip-
per, Reisen durch Raum und Zeit mit Orion.

Fernsehen in den Sechzigern: Nierentische und jeden Samstag
Kampf zwischen »Beat-Club« (»Negermusik«) und »Sport-
schau«, verschließbare Bildschirme und hochgeklappte Bürger-
steige beim Straßenfeger »Das Halstuch«. Das Erste war noch
das einzige, die Röhre hieß »Zauberschale« und lieferte »den
Blick« in die Welt.

Die Journalisten Müllender und Nöllenheidt, zwei »bekennen-
de Alleseher«, haben für dieses »Kultbuch« (so ein begeisterter
Kritiker) Gleichgesinnte und Prominente versammelt und um
ihre Erinnerungen an die frühen Fernsehjahre gebeten. Mit nos-
talgiefeuchtem Blick in die Steinzeit des Fernsehens heben sie
Schätze, die längst Stoff für Legenden sind: Little Joe und Kom-
missar Keller, Irene Koss und Heinz Maegerlein, Vico Torriani
und Emma Peel, Jeannie und die Reporter der Windrose...

Fischer Taschenbuch Verlag